루돌프 슈타이너의

사상 발달

루돌프 슈타이너 (1861-1925)

루돌프 슈타이너의

사상 발달

지은이 프리트바르트 후제만   옮긴이 이수영

한국인지학출판사

차례

저자 서문

이 저서에서는 루돌프 슈타이너의 발달 과정이 많은 사람들의 생각처럼 모순 속에서 진행되었는지, 아니면 그 자신이 강조한 바와 같이 그렇지 않았는지에 대한 물음을 살펴본다. 이와 관련해서는 슈타이너와 그리스도교의 관계에 대한 물음이 중심에 놓인다.

이 연구를 위해서는 다양한 관점을 제시하는 일이 필요했고, 그 때문에 개별 장들은 이전에 이미 논문으로 출간되었다. 그러나 그 개별 장들이 연결되고 두 개의 새로운 장으로 보완된 지금에야 루돌프 슈타이너 사상의 형성 과정을 어떻게 이해할 수 있는지가 비로소 전체적으로 드러난다.

이 원고는 내 아버지이자 스승인 기스베르트 후제만(1907-1997), 오토 부흐너 박사, 미하엘 도마이어 박사, 루프레히트 프리트 박사, 미하엘 라이스테 박사, 브리기테 페테르젠, 클라우스 라스무스, 게오르크 졸트너의 우정 어린 지원 아래 탄생했다. 때로는 동생인 아르민 후제만 박사의 교정 덕분에 내 생각도 결정적으로 개선될 수 있었다.

1998년 11월 그래펠핑에서 프리트바르트 후제만

1.

루돌프 슈타이너가 과학적으로 정확하게 투시할 수 있었다는 것을 어떻게 알 수 있는가?

루돌프 슈타이너(1861-1925)는 자신의 투시적 연구 결과가 과학적으로 정확하다고 확언했다. 이는 1901년부터 현재까지 현대사의 대변자들을 불쾌하게 하고 있다. 예를 들어 1998년 2월 스위스 일간지 〈노이에 취르허 차이퉁 Neue Zürcher Zeitung〉에는 크리스토프 린덴베르크가 쓴 루돌프 슈타이너 전기에 대한 평론이 실렸다. 거기에는 다음의 내용이 나온다. "이후의 인지학자들에게 제기되는 곤란한 물음이 있다. '슈타이너가 멀리 살고 있는 이모의 죽음을 텔레파시로 인지했다는 '신비로운' 체험을 어떻게 생각할 것인가?' 린덴베르크는 투시를 곧이곧대로 받아들이고 있으며, 여기서 이미 다음과 같은 핵심 문제에 직면하게 된다. 이 전기 작가는 지금이든, 나중에든 슈타이너의 자기 해석을 제대로 비판하지 못한다는 것이다."[2]

이는 대학 교육에서 비롯되는 사고에 매몰된 오늘날의 사람들이 루돌프 슈타이너의 투시를 아무것도 아니라고 생각한다는 사실을 분명하게 묘사한 것이다. 다른 한편으로 인지학자들이 이 투시를 말하자면 '모든 것'으로 여기거나 당연한 것으로 전제한다면, 우리는 그 평론가가 전적으로 타당하게 '핵심 문제'라고 지칭한 물음에서 한 발짝도 더 나아가지 못할 것이다. 그 물음은 이렇다. "루돌프 슈타이너가 정확한 방식으로 투시할 수 있었다는 것, 또는 그 자신이 자주 말했듯이 정신적으로 연구할 수 있었다는 것을 우리는 어떻게 알 수 있을까?"

경험적-과학적 확인

인지학은 현대 자연과학의 정신에서 탄생했다. 따라서 가장 먼저 묻게 될 것은 루돌프 슈타이너의 초감각적 연구 결과들이 감각적-경험적 연구에 의해서 확인되는지 여부이다.

1906년 루돌프 슈타이너는 혜성의 꼬리에 시안 화합물들이 포함되어 있다는 사실을 순전히 정신과학적으로 규명했다. 루돌프 슈타이너가 직접 전한 것처럼 이 사실은 4년 뒤 스펙트럼 분석을 통해서 확인되었다.[3]

이 정신 연구자는 1911년에 전기와 자기장보다 더 강하다는 '제3의 힘'에 대해 말하면서 다음과 같이 덧붙였다. "[…] 그렇다면 이 힘이 어느 발명가에 의해서 인류에게 주어지기 전에 사람들이 어떤 비도덕적인 행동도 더 이상 하지 않기를 바라야 한다."[4] 1938년 오토 한과 그의 동료들은 처음으로 핵분열을 실행했으며, 이로써 그보다 27년 전에 예견되었던 것이 확인되었다. 지금까지 우리는 원자력과 관련된 도덕적으로 우려할 만한 일도 충분히 경험했다.

영양에 대한 강연들에서는 소처럼 섬세한 채식주의자에게 고기를 먹이면 어떻게 될 것인가에 대한 가정적 사례가 논의되었다. 이 논의에서는 이 동물들에게 "매우 거칠고 사납게 날뛰는 미친 소"[5]로 명명된 질병이 생길 것이라고 예견되었다. 그사이 이 예견은 슬픈 진실이 되었다. 소에게 양고기를 먹인 것으로 인해 유럽에서 소해면상뇌병증(BSE)이 발생한 것이다. 1996년 부분적으로는 1면을 할애한 영국 일간지들, 독자 투고란과 텔레비전이 오스트리아의 인지학자 루돌프 슈타이너가 BSE를 예견했다는 소식을 전했다.

우리는 이러한 예들에서 인지학적 연구가 결코 "무한한 것과의 조화 속에서" 또는 "모든 진리는 단순하다"와 같은 일반적인 미사여구에 빠져들지 않으며, 자연과학이 물질적 데이터베이스를 기반으로 실험과 계산을 통해 파고드는 것과 동일한 세부적인 것에 도달할 수 있다는 사실을 알 수 있다.

1910년에 출간된 《비밀학 개요》에 따르면 달은 지구에서 유래한다. 과학적으로도 달이 지구에서 유래하는지, 아니면 지구의 중력장 안에 갇힌 우주체인지는 항상 의문이었다. 1969년 달에 착륙한 미국인들은 거기 있는 암석을 지구로 가져와 모든 규칙에 따라 분석했다. 그 결과 달의 암석은 달이 지구에서 유래한다고 가정해야 할 정도로 지구의 암석과 비슷했다.[6]

루돌프 슈타이너는 지구가 사면체 구조라고 이야기했다. 이 놀라운 명제는 현대의 심해 해구 연구를 통해 확인되었다. 이에 대해서는 H. U. 슈무츠[7]가 설득력 있는 설명을 제공했는데, 단순히 루돌프 슈타이너의 주장이 확인되었을 뿐만 아니라 독자적으로 더 발달한 주장이라는 점에서 주목할 만한 설명이었다.

루돌프 슈타이너를 여러 과학적 발달의 선구자로 제시하기 위해서 우리 과학의 전형적인 한 가지 사례를 이야기해 보자. 꿀벌 언어를 발견한 공로로 노벨상을 수상한 동물학자 카를 폰 프리시는 1936년 뮌헨에서 절대적으로 달에 의존하는 팔롤로의 번식 주기에 대해 강의했는데, 이는 당시 완전히 새로운 발견이었다. 강의가 끝나면 보통 학생들이 질문을 할 수 있었는데, 당시 학생이자 나중에 인지학 의사가 된 파울 파에데가 앞으로 나가 동물학에서 28일 주기의 또 다른 사례가 있는지 교수에게 물었다.[8] 평소에는 정중하고 친절한 태도를 보이던 카를 폰 프리시가 말했다. "그런 식으로 물으려면 바로 인지학자들에게 가면 됩니다. 그들은 교회 첨탑에 수정을 매달아 목성의 빛을 통과시켜 그 빛을 밭에 비료로 줍니다." 감정이 상한 카를 폰 프리시는 거기 서 있는 학생들을 내버려둔 채 강의실을 나갔다.

　인지학자들은 지난 수십 년 동안 "인지학자들은 달을 보고 씨를 뿌린다"는 조롱을 계속해서 들어왔다. 하지만 그사이 자연 자체가 달에 따라 씨를 뿌린다는 사실이 과학적으로 증명되었다. 팔롤로가 첫 번째였고, 그 다음 해양 모기인 클루니오 마리누스, 앵무조개, 색줄멸 등으로 이어졌는데, 이들 모두는 절대적으로 달에 의존하는 리듬을 보인다. 그사이 특히 하등동물 중에서 이른바 "달에 민감한" 수백 종 이상이 알려졌다. K. P. 엔트레스와 W. 샤트는 여기에 대해 훌륭한 논문을 내놓았다.[9] 얼마 전 가장 명망 있는 과학 학술지 《네이처 Nature》에는 에른스트 취르허의 〈조수에 따라 변하는 나무줄기의 직경〉[10]이라는 제목의 논문이 실렸다. 취리히 연방 공과대학교의 이 연구자는 정확하게 측정하면 나무줄기가 달의 리듬에 따라서 팽

창하고 수축한다는 것, 그러니까 나무의 수액이 썰물과 밀물의 리듬을 보인다는 것을 밝혀냈다. 지진계의 지속적인 관찰 기록에 의해서 지구 표면도 동일한 리듬을 따른다는 것은 오래전부터 알려진 사실이다.

루돌프 슈타이너는 인간과 자연의 달 주기에 대한 설명으로 이 모든 연구를 선취했다. 그는 "인간의 리듬 체계"[11]의 발견자이며, 그가 리듬 연구의 창시자로 공식적으로 인정받는 것은 시간 문제일 뿐이다. 마르부르크 대학교의 군터 힐데브란트는 이 사실을 증명하는 탁월한 논문들을 내놓았다. [12]

우리는 루돌프 슈타이너의 연구 방법이 오늘날 인정받는 연구만큼 정확했을 뿐만 아니라, 슈타이너가 사망한 이후 70년 동안 당시의 일반적인 학설과는 완전히 달랐던 많은 것이 사실로 입증되었음을 보여주는 더 많은 예들을 들 수 있을 것이다.

루돌프 슈타이너의 비범한 배움은 어디서 비롯되었는가?

작가 슈테판 츠바이크는 베를린에서 열리는 예술가 모임 '디 코멘덴Die Kommenden(오는 사람들)'에서 루돌프 슈타이너를 만났다. 그는 슈타이너의 교육이 "[…] 경탄스러웠고, 무엇보다 책에만 국한된 우리의 교육에 비해 굉장히 광범위했다"[13]고 전했다. 루돌프 슈타이너는 나중에 연극 배우 외 음악가, 경제학자와 농부, 신학자, 노동자, 의사, 교사, 수학자, 수공업 교사와 다른 많은 전문가를 위한 강좌와 상담을 제공했다. 이 전문가들은 그들의 분야에 대한 슈타이너의 전문 지식이 뛰어나다는 점을 인정했다.

한 사람이 그렇게 많은 지식을 습득하는 일이 어떻게 가능할 수 있었을까? 루돌프 슈타이너는 하루 종일 연구만 하지는 않았고, 하루 중 많은 시간을 들여야 하는 광범위하고 사교적인 삶을 살았는데 말이다.

모든 평범한 사람들의 척도를 뛰어넘을 정도로 폭넓은 루돌프 슈타이너의 배움은 그가 어린 시절부터 자신의 초감각적 눈이 열렸다고 주장한 말이 맞다는 것을 보여준다. 그 덕분에 그는 완전히 다른 방식으로 우리의 교육에 접근해서 한층 포괄적인 배경에서 그것을 통찰할 수 있었고, 본질적인 것을 즉각 비본질인 것과 구별함으로써 훨씬 더 빠르게 개관할 수 있었으며, 그 때문에 세부적인 내용들을 훨씬 더 쉽게 기억할 수 있었다. 또한 우리는 모든 삶의 문제에 대한 그의 뜨거운 관심을 떠올릴 수밖에 없는데, 그런 관심은 초감각적 세계가 그에게 모든 곳에서 적합한 목표에 대한 생각과 지침을 보여주었기 때문에 생긴 것이었다. 관심이 클수록 우리는 무언가를 더 쉽게 기억할 수 있다. 여기에 대해서는 다음의 예를 살펴보자.

슈타이너는 1924년 의사들 앞에서 다양한 자연계에서 유래한 치료제들이 환자에게 어떤 영향을 주는지 보고했다. 광물성 치료제는 인간 본질의 가장 높은 구성요소인 자아에 작용한다. 식물성 치료제는 환자의 아스트랄체(영혼)에 작용한다. 동물성 치료제는 에테르체(또는 생명체)에 작용하며, 사람에게서 채취한 치료제는 환자의 물질체에 작용한다. 그런 다음 그는 다음과 같은 말로 우리에게 그의 작업실을 들여다보게 했다. "그것은 특히 사람의 체액을 이용한 천연두 예방 접종에서 우두 예방 접종으로 넘어가던 시기에 연구하기가 쉬웠는데, 그때 사람에게서 채취한 이전의 백신에서 물질체에 작용이 미치는 동물 백신을 사용함으로써 어느 정도 에테르체로 올라가는 것을 직접 관찰할 수 있었습니다."[14]

그러므로 우리는 루돌프 슈타이너가 실제로 전차나 기차에 앉아서 어떻게 그런 연구 과제들을 규명할 수 있었는지, 즉 노인들에게서는 천연두 예방 접종이 물질체에 영향을 미치고 젊은 사람들에게서는 똑같은 영향이 에테르체에 미치는 것을 어떻게 인식할 수 있었는지 생각해 보아야 한다. 그런 연관성이 의학의 수많은 세부 사항을 바라보는 눈을 열어주기 때문에 의학에 정통하는 것이 더 이상 어려운 일이 아니다. 그것이 인간 삶의 모든 영역으로 확장되었다고 생각한다면 슈타이너의 방대한 학식에 대한 납득할 만한 설명을 얻게 될 것이다. 그것은 그의 영적 투시력에 의해서 이루어졌다.

시대를 앞서가다

1919년 발도르프학교에서는 성적 평가가 폐지되었다. 오늘날 국가가 관리하는 중등학교 저학년에서도 똑같은 방식이 실행되고 있다. 발도르프학교의 필수적인 구성요소에 포함되는 상급 학년의 사회 실습과 연극 에포크 수업도 김나지움이 점점 더 모방하고 있다.

생명역동 농법은 초기 수십 년 동안 망상이라고 멸시당했지만, 그 사이 전통적인 농법에 의한 식품 생산이 건강에 해롭다는 확신이 일반적으로 퍼지면서 "유기농 붐"이 일어났다. 그 바람에 데메테르 Demeter* 제품은 마케팅 측면에서 불리한 상황에 빠졌다.

---

* 역자 주: 생명역동 농법으로 생산된 식품에 주어지는 국제적으로 유효한 품질표시.

20세기 초에 루돌프 슈타이너는 물질주의가 결국 인간을 병들게 할 것이고, 이번 세기가 지나는 동안 물질주의가 유행성 신경과민과 불면증을 초래할 것이라고 말했다. [15] 수면제와 신경 안정제의 소비 증가를 살펴보기만 해도 그의 예언이 옳았다는 것을 확인할 수 있다. 1960년대에는 갓난아기의 수면장애가 아주 드문 일이었지만, 이제 의사들은 수면 문제가 전혀 없는 갓난아기를 보면 놀라워한다.

어떤 예언들은 시기까지 정확하게 들어맞았다. 루돌프 슈타이너는 1917년 10월 혁명 당시 볼셰비즘이 7,80년 이상은 지속될 수 없을 거라고 예견했다. [16] 볼셰비즘은 74년 후, 즉 1991년에 붕괴되었다.

그는 요한 묵시록에 나오는 악마적이고 인간을 파괴하는 원리라고 생각할 수밖에 없는 뿔 두 개 달린 짐승과 관련하여 그것이 1933년에 나타나리라고 예견했다. [17] 늦어도 홀로코스트의 잔학 행위가 알려진 이후로 그것은 1933년 히틀러의 권력 장악을 의미했다는 것이 모두에게 분명해졌다.

얼마든지 더 제시할 수 있는 이 모든 예에서는 인지학적 인식의 놀라운 확실성과 정확성이 드러난다. 정확성, 예측 가능성, 신뢰성은 과학성의 기준이다.

지각한 것인가, 생각해 낸 것인가?

정신세계에서 오는 메시지를 진지하게 받아들이고 검토하게 되는 데는 심리적 이유들이 있다. 루돌프 슈타이너는 약 25권의 책을 집필했다. 예를 들어 《비밀학 개요》에 나오는 "우주의 발달과 인간"

이라는 장만 읽어도, 그 장에서 열, 공기, 식물, 동물, 인간, 지구, 다른 천체, 고차적 계층들과 그들의 상호 관계에 대한 수많은 초감각적 사실들을 발견할 수 있으며, 따라서 순전히 심리적인 이유에서 다음과 같이 묻지 않을 수 없다. 그런 것들은 생각해낼 수 있는 것일까? 그렇지 않다. 그런 것들은 생각해낼 수 없고 지각된 것이 분명하다. 그것은 보고된 내용의 방대함만 보아도 그렇다. 대부분의 인지학 강연은 청중의 필기로 보존되었다. 다른 강연을 반복한 강연은 거의 없었다. 수십 년 동안 인지학 서적을 읽은 독자라도 아직 한 번도 읽지 않은 강연의 어떤 내용을 예측하지는 못할 것이다. 독자뿐만 아니라 루돌프 슈타이너 자신에게도 그가 알아낸 내용들은 때로 상당히 놀라웠다. 이 모든 것이 초감각적 세계에 대한 자신의 보고는 원칙적으로 누군가 물질적 세계에서 여행기를 제시할 때와 다르지 않게 받아들여져야 한다고 말한 슈타이너의 비유가 옳음을 말해준다.

　다른 한편으로 슈타이너는 초감각적인 것에 대해서 의도적으로 대중적이거나 매혹적인 글을 쓰지 않았다. 문학 잡지에 실린 그의 글들이 충분히 보여주듯이 그는 그렇게 할 수도 있었지만, 자신의 인지학 책들에 의식적으로 건조하고 수학적인 문체를 새겨 넣었다.[18] 그렇게 함으로써 독자들이 우선 그늘 자신의 생각만 사용하게 하고 싶어 했다. 독자에게서 이런저런 감정, 온기, 열정이나 의지의 충동이 생긴다면, 그것은 단순히 조금 신중하게 서술자로부터 독자에게로 흘러 들어간 것이 아니라 초감각적인 메시지와 독자의 사고를 토대로 독자 자신에게서 생겨난 것이다. 물론 독자에게 반감과 분노를 불러일으킬 수도 있다. 어쨌든 루돌프 슈타이너의 책들은 읽기 어려운 것으로 여겨진다. 일반적으로 인정된 이 사실이 가장 잘 증명하는 것이 있으니, 루돌프 슈타이너의 제자들은 스승의 암시에 빠지지 않았고, 반대로 스승은 자신이 전하는 초감각적 인식들로 다른 어떤 영혼의 힘이 아닌 청중의 사고로만 향하고자 한 의도를 달성했다는 것이다. 거의 도발적일 정도로 건조한 문체를 사용하는 원칙은 그의 강연에서도 증명된다.

루돌프 슈타이너는《자유의 철학》을 저술했다. 그가 초감각적인 것에 대해 이야기하는 방식도 독자와 청중으로 하여금 자유롭게 받아들이도록 하는 방식이었다. 그의 말들은 그 안에서 자유의 정신이 인식될 수 있도록 구성되었다. 사람들은 나머지 모든 것을 거부하더라도 이 자유의 정신은 인식할 수 있다. 슈타이너는 그 이상은 바라지 않았으며, 또 그 이상은 필요하지도 않았다. 모든 인지학적 내용은 이 자유의 정신 앞에서만 정당화되며, 그야말로 이 정신에서 생겨나고 이 정신을 통해서 나타났기 때문이다. 이 자유를 인식한 사람은 창조적인 무언가를 보게 되며, 그 창조적인 것에만 머물러 있으려 하지 않게 된다.

루돌프 슈타이너는 잘못 생각한 적이 없었을까?

루돌프 슈타이너는 오류가 없었을까? 이 물음에 인지학자들이 광적으로 "그렇다"고 대답한다는 주장이 늘 있지만, 그냥 그렇지 않다고 부인할 수도 있다. 슈타이너는 객관적인 오류와 개인적인 오류를 인정했다. 예를 들어 그의 자서전《내 인생의 발자취》에서는 문헌학 전문가들이 바이마르판 괴테 전집에 포함되어 있는《괴테의 자연과학 저술》의 발행에 대해 비난한 오류들을 상세하게 설명했다. 그는 이 오류들이 개별적으로 수정될 수는 있을 것이라고 하면서도, 자신이 전체적으로 자신을 비판한 사람들이 이해하고자 했던 것과는 다른 관점을 가지고 있었다고 썼다.[19] 슈타이너는 문헌학자 A. 루돌프의 견해대로 괴테의 《파우스트》 마지막 부분인 〈신비스러운 천상의 합창〉에 나오는 구절은

> "불충분한 것이 Das Unzulängliche
> 여기서는 성과가 된다 Hier wird's Erreichnis"

이어야 한다고 생각했다. 그것이 의미에 적합하고, 받아쓴 사람이 잘못 들었다고 생각할 수 있기 때문이라고 했다.[20] 그러나 1928년 괴테가 "Ereignis"(사건)라고 쓴 필사본이 발견되어 슈타이너와 A. 루돌프의 말이 반박되었다. 사실 슈타이너가 이와 비슷한 방식으로 그 시기의 오류들에 종속되어 있었다는 것은 당연한 일이다. 그는 니체 여동생과의 스캔들이 있었을 때도 자신은 푀르스터-니체 부인이 니체의 여동생이었다는 이유로 예의와 배려 차원에서 그녀에게 지나친 찬사를 보냈고, 그것은 자신의 "큰 어리석음"이었다고 인정했다.[21] 같은 맥락에서 그는 다른 곳에서 자신의 "실수"를 언급했다.[22] 그는 자신이 베를린에서 보낸 문학 시기를 회상하며 1904년 안나 오이니케 슈나이너에게 다음과 같이 썼다. "나는 당시 젊은이들의 문학을 정말로 알고 싶었습니다. 다만 그 때문에 그 젊은이들의 불쾌한 일에 관여하지는 말았어야 했습니다. 그것은 솔직히 실수였습니다. 그리고 꽤 불쾌한 소문으로 대가를 치러야 했지요."[23]

루돌프 슈타이너는 예술 분야의 잘못에 대한 비판에도 완전히 열려 있었다. 그가 첫 번째 괴테아눔(83쪽 삽화 참조) 건물을 위해 "인류의 대표상" 초안을 조각했을 때, 한 오이리트미스트가 불쑥 소리쳤다. "그런데요 박사님, 조각상이 오른쪽으로 기울었네요!" 그녀는 자신의 균형 감각에 따라서 왼쪽 상단을 채울 것을 요구했다. 슈타이너는 그녀 옆으로 가서 그녀의 이의를 검토하고는 그녀의 말이 맞다고 한 다음 왼쪽 상단에 하나의 모티프를 덧붙였다. 그것은 내용적으로도 그 모티프가 생겨난 상황과 맞는 이른바 〈세계의 유머 Weltenhumor〉라는 형상이었다.[24]

논리적 오류와 지각의 오류 사이를 적절하게 구분하는 것도 매우 중요하다. 오류를 비판하는 사람들은 이 구분을 사실상 전혀 하지 않는다. 슈타이너는 그 점에 대해서 다음과 같이 썼다. "초감각적 영역에서 지각할 수 있는 연구자가 논리적 서술에서 오류에 빠진 것으로 인해, 초감각적인 것을 전혀 인지하지는 못하지만 건전한 사고 능력을 가진 어떤 사람이 그런 연구자를 수정하는 일은 일어날 수 있다. 그러나 본질적으로 초감각적 연구에 적용되는 논리에는 그 어떤 이의도 제기될 수 없다. 그리고 단순히 논리적인 이유에서는 그 무엇도 사실들 자체에 반박할 수 없다는 점은 강조할 필요도 없다. 물질적 세계의 영역에서는 고래가 있는지 없는지 여부를 논리적으로는 증명하지 못하고 오직 보는 것으로만 증명할 수 있는 것처럼, 초감각적 사실들은 정신적 지각에 의해서만 인식될 수 있다."[25]

우리는 고차적 인식으로 나아가는 길에서는 매번 오류가 나타나고, 그것이 어떻게 극복되는지 곧 다시 한번 살펴볼 것이다. 오류에 대한 의식은 모든 학문의 기초이며, 루돌프 슈타이너는 생각할 수 있는 모든 명확성과 상세함으로 그에 대해 설명했다.

루돌프 슈타이너의 성격

슈타이너의 여러 저작에서는 어떻게 하면 고차적 세계의 인식에 도달할 수 있는지 설명한다. 거기서는 다음과 같은 조건과 전제도 언급한다. "그러므로 자신의 통찰을 통해 인간 본성에 대한 비밀을 찾으려는 모든 사람은 진정한 비밀학의 황금률을 따라야 한다. 그리고 이 황금률은 다음과 같다. 비밀스러운 진리의 인식에서 한 걸음 나아가려고 시도한다면, 동시에 너의 품성을 선하게 완성하는 데서 세 걸음 앞으로 나아가라."[26]

따라서 다음과 같은 물음이 제기된다. 루돌프 슈타이너의 품성은 어떠했고, 그의 품성은 얼마나 선하게 완성되었는가? 이에 대해서는 그의 인지학 제자들이 남긴 풍부한 문헌이 있다. 거기에는 결코 경의를 표현한 내용만 들어 있는 것이 아니고, 루돌프 슈타이너가 인간적 교류와 일상생활에서 어떤 사람이었는지가 많은 세부 사항에서 객관적으로 서술되어 있다. 그중에서 최고의 서술 중 하나가 나오게 된 것은 프리드리히 리텔마이어 덕분인데, 이는 그가 특히 비판적으로 접근했기 때문이다.[27]

이제 슈타이너의 품성에 대해 결코 긍정적인 선입견을 갖게 한 나고 여길 수 없는 두 가지 출처를 살펴보고자 한다.

1919년 슈타이너는 헬무트 폰 몰트케 참모총장의 기록을 토대로 전쟁의 책임이 전적으로 독일에만 있지 않다는 것을 증명하는 소책자를 썼다. 이 책은 5만부가 인쇄되었지만 마지막 순간에 독일 총

참모부에 의해서 그 출간이 통제되었다. 빌헬름 폰 도메스 장군이 루돌프 슈타이너를 찾아와 몰트케에 관한 기록이 세 군데에서 틀렸다고 주장한 것이다. 도메스 장군은 1914년 당시 핼무트 폰 몰트케가 이끌던 총참모부에서 대령으로 근무했다. 슈타이너는 도메스 장군에게 당시 사건의 증인으로서 선서를 통해 그의 진술을 뒷받침할 용의가 있는지 물었다. 도메스 장군은 그럴 수 있다고 대답했고, 이에 슈타이너는 책자의 출간을 그만두었다. 이 모든 일이 슈타이너에게는 큰 실망이었다. 도메스 장군은 나중에 이렇게 말했다. "나는 슈타이너가 진실하고 선을 원하는 사람, 매우 순수하고 품위 있는 사람이라는 인상을 받았다."[28]

저명한 법률가이자 자연과학자인 헤르만 프리트만은 조르다노 브루노 협회 이사였으며, 베를린 시절 초기의 루돌프 슈타이너를 매우 인상적으로 묘사했다. "이제 루돌프 슈타이너에 대해 몇 가지 말하고 싶다. 나는 그의 어떤 특성에서가 아니라 여러 특성들 사이의 관계에서 그의 사람됨에 대해서 매우 잘 알게 되었다. 예를 들어 내가 만일 그가 특히 토론에서 뛰어났다고 말한다면, 이는 그가 토론에서 말을 많이 하고 인상적으로 했다는 의미로 받아들여서는 안 된다. 다른 사람들도 많은 말을 인상적으로 할 수 있겠지만, 그런 이유로 그들이 뛰어나다고 하지는 않는다. 오히려 슈타이너는 자신이 제기하지 않은 주제에 대해서는 말수가 적거나 전혀 말하지 않고 마치 온몸으로 듣는 것 같았다. 그래서 그 누구도 토론에 대한 그의 '참여'가 특별하지 않았다고 말할 수 없었을 것이다. 나는 그가 말하고 있는 사람의 말을 듣고, 보고, 느끼고, 이해했다고 생각한다. 그 자체만으로도 경탄할 만한 일이다. 하지만 내가 볼 때는 무엇보다 거의 신비롭게 느껴지는 침묵, 다시 말해서 무관심의 침묵과는 다른 신비가의 열린 침묵의 상태가 위대했다. 이 말 없는 듣기와 자신의 주제에 대해 토해내는 열변 사이의 관계말이다. 이 관계에서는 […] 엄청난 역동성이 튀어나와 비할 수 없는 긴장을 불러일으켰다. […] 슈타이너는 때때로 '당신은 정확히 내가 있는 그곳에 있는데, 당신이 그것을 모를 뿐입니다'라며 짧은 한 마디만 말했고, 사람들은 그가 하는 말을 믿었다. 그의 말은 상투적인 말이나 속임수가 아니었고 그가 먼저 상대방의 말에 깊은 관심을 기울였다는 증거의 힘이 있었기 때문이다."[29]

이와 비슷한 방식으로 루돌프 슈타이너의 설득력 있는 성격과 탁월한 인간성을 드러내는, 정확하게 지각하고 적절하게 판단한 많은 서술이 전해져 온다. 이로 인해 점차 루돌프 슈타이너의 반대자들뿐만 아니라 인지학 저술가들도 그를 회고하는 문헌들과 그 저자들을 "성인전 저자"로 지칭하며 웃음거리로 삼는 반응이 이어졌다. 과장된 숭배는 분명 위험하고, 슈타이너 자신도 거기에 반대했다. 그러나 또 다른 위험도 있다. 특별한 것이 나타날 때 그것을 인정하지 않으려 하는 위험이다. 프리드리히 실러가 《오를레앙의 처녀》에 나오는 다음 구절에서 표현했던 것처럼 말이다.

"세상은 빛나는 것을 어둡게 만들고
숭고한 것을 비방하기를 좋아하니……"[30]

고차적 인식의 단계들

우리는 이런저런 구루가 정신적인 세계는 처음 나타날 때부터 그 영역에서 영원을 볼 정도로 무한히 아름답고, 평화롭고, 지혜로 가득 차 있게 보였다고 말하는 것을 얼마나 자주 보았는가. 그런데 슈타이너의 경우에는 완전히 다르다. 한 사람에게 정신세계가 나타나는 첫 번째 형태는 항상 잘못된 것인데, 자기 자신을 먼저 정신세계에 투영하기 때문이다. 또한 그 세계는 이해할 수 없는데, 나타나는 상들을 해석할 줄 모르기 때문이다. 고차적 세계로 들어갈 때 생기는 첫 번째 큰 유혹은 필연적인 이 두 가지 오류를 꿰뚫어보지 못하고 모든 지혜를 소유하고 있다고 믿는 것이다. 실은 자기 존재만 보는 것인데도 말이다.[31] 슈타이너가 초감각적 인식의 이 첫 번째 형태를 필연적이지만 잘못된 과도기 단계로 규명하는 방식은 그의 과학성을 보여주는 하나의 증거이다. 일반적인 연구에서는 연구자를 어느 정도 속일 수 있는 것(그의 편견, 영어로는 bias)이 초감각적 연구에서는 처음부터 가장 중요한 사안이기 때문이다. 모든 초감각적 지각을 위해서는 먼저 자신의 편견을 극복해야 한다. 따라서 정신 연구자는 첫 번째 형태의 정신적 지각을 즉시 억제해야 하며, 이는 깊은 고통을 가져다준다.

정신 연구자는 초감각적 인식의 두 번째 형태인 이른바 영감적 형태를 통해 첫 번째 단계에서는 통찰할 뿐이었던 것을 이해할 수 있다. 비유로 표현하자면, 첫 번째 이미지 단계에서의 정신세계는 읽을 수는 없지만 그 아름다운 모양과 조화로 깊은 인상을 주는 미지의 문자처럼 보인다. 우리는 이 문자를 영감적으로 읽고 이해하는 것을 배운다. 그리고 초감각적 연구의 세 번째이자 마지막 형태인 이른바 직관을 통해서 누가 이 글자를 썼는지 인식한다. 천사와 악마 가운데 어느 쪽이, 또는 적대적인 세력과 전진하는 힘 가운데 어느 쪽이 드러나는지 깨닫는다. 이 세 번째 단계인 직관은 정신적인 본질 인식Wesenserkenntnis을 의미하며, 연구자의 자아가 인식해야 할 정신세계의 과정과 융합한다. 루돌프 슈타이너는 자신이 이 세 단계를 거친 연구들만 다른 사람들에게 전달했다고 말했다.

리텔마이어가 진행한 다음의 대화는 그런 방식으로 이해할 수 있다. "'당신의 연구에서 착각했거나 나중에 수정해야 했던 적은 전혀 없었습니까?' '저는 제가 확실하게 모르는 것을 말한 적이 없습니다.' 나는 아직 만족하지 못했다. '제 말은 당신 스스로 나중에 더 정확한 연구에서 처음의 인상과 연구 결과들을 바로잡아야 했던 적이 없었냐는 뜻입니다.' '그렇습니다. 하지만 그런 경우라면 그럴 만한 이유가 있어야 하겠죠. 예를 들어 안개 속에서 당신을 만났는데 당신을 알아보지 못한다면, 안개는 바로 더 고려되어야 할 하나의 사실입니다.' 나는 아직도 만족할 수가 없었다. '나중에 당신 자신에게 내가 착각했었다고 말해야 했던 적이 전혀 없었나요?' 그는 잠시 가만히 생각하더니 말했다. '그렇지 않습니다. 사람에 대해서는 종종 잘못 생각한 적이 있습니다. 하지만 사람의 경우에는 사는 동안 그 전에는 미리 알 수 없는 무언가가 외부로부터 들어올 때가 더러 있으니까요.'"[32]

고차적 인식은 많은 노력을 기울여야만 얻어진다는 사실이 너무 어렵게 느껴져 그 복잡성 때문에라도 그런 인식이 불가능하다고 여기기가 쉽다. 하지만 실은 지극히 일상적인 우리의 인식도 마찬가지로 복잡하고 어렵지만 우리가 그런 사실을 알아차리지 못할 뿐이다. 우리가 어떤 과정에 대해 떠올리는 생각은 잘못된 경우가 종종 있고, 그만큼 자주 수정된다. 예를 들어 내 시야 주변에서 나뭇잎이 떨어지면, 나는 그것을 쉽게 새라고 생각할 수 있다. 그러다가 정확히 보고 나서는 잘못된 생각을 바로잡는다. 우리 영혼의 표상을 형성하는(더 정확하게는 기억을 형성하는) 이 힘은 본질적으로 이미지적 상상을 통한 인식과 완전히 동일하다.[33] 투시력이 있는 사람은 이 능력을 다른 인식 능력과 분리하는 법을 배웠다는 점에서 그렇지 않은 사람과 다르다. 영감도 마찬가지이다. 영감은 우리 영혼에서 개념을 형성하는 힘에 해당한다. 예를 들어 어떤 사람이 물에 빠지는 것을 본다면, 이 과정에 대한 지각과 기억의 표상은 우리에게 오류 없이 주어질 것이다. 그러나 개념은 오류가 있기 쉬우므로 먼저 조사할 필요가 있다. 누군가 물에 빠져 사망했다면, 살인인가 자살인가, 사고인가 실수인가, 아니면 갑작스러운 심장마비로 의식을 잃은 다음에 물에 빠졌는가? 이렇게 개념의 관계와 연관성 속에서 움직이는 의식이 유일한 능력으로 상승된 것이 고차적 세계의 인식이라는 의미의 영감이다.[34]

　이처럼 일상적인 인식과 초감각적 인식의 관계는 우리가 꿰뚫어볼 수 있다. 그 때문에 초감각적 연구의 결과들이 이해될 수 있으며, 앞에서 언급했듯이 심지어 투시력이 없는 사람이라도 투시력이 있는 사람의 논리적 오류를 증명할 수 있다.

입문의 영향에 관하여

　마지막으로 초감각적 인식의 가치는 그 인식이 어떤 의미와 목적을 가졌는지에 따라서도 평가될 수 있다.

　인지학에서는 어떤 경우에도 자기 구원이 아니라 다른 사람들에 대한 봉사가 중요하다. 내가 나 자신을 정화해야 한다는 점에서 이 정화를 자기 구원이라고 말할 수 있지만, 이 정화의 목표는 타인에 대한 헌신이다. "인간이 초감각적인 것의 고차적 영역들에서 얻게 되는 것은 그에게로 오는 것이 아니라, 오직 그에게서 나오는 것, 즉 동시대를 사는 사람들에 대한 사랑이다."[35] 인류의 윤리적 이상은 인지학을 통해 합리적으로 이해될 수 있으며, 이로써 이 윤리적 이상은 단순한 계명에서 내적인 자유를 바탕으로 점점 더 사랑하는 법을 배우는 동기로 바뀐다.

　루돌프 슈타이너의 삶은 이 원칙의 가장 좋은 예이다. 그러나 그의 제자들도 경제생활과 은행, 농업, 의학, 교육, 자연과학, 예술, 종교적 쇄신 활동, 그리고 최근에는 개발 원조(이집트의 세켐, 상파울루의 파벨라 몬테 아줄) 활동 등을 통해서 원하는 모든 사람에게 도움이 되고, 선구적인 작업으로 인정받거나 유사한 활동의 모범이 된 실천적인 작업을 실행했다. 인지학적 치유교육에서는 재육화 관념이 능동적인 이상주의로 발달했고, 이는 인간을 업신여기는 다윈주의적 사고의 번식 충동을 극복하고 모든 인간의 존엄성을 실질적으로 찾을 수 있다는 것을 누구나 인식할 수 있도록 했다.[36]

　삶의 다양한 영역에서 비롯된 이 열매들에 대해서는 누구나 제각기 다른 평가를 내릴 수 있겠지만, 이 열매들은 동시에 그 근원인

씨앗에 대해서도 밝혀준다. 그것은 바로 현대적이며 과학에 바탕을 둔 정신 연구의 형태이다. 괴테는 "열매를 맺는 것만이 참되다."라고 말했는데, 이 말은 루돌프 슈타이너의 투시력에도 해당될 수 있다.

맹목적인 믿음?

이로써 인지학자들이 맹목적인 믿음에 빠져 있다고 반복적으로 제기되는 비난은 저절로 바로잡힌다. 바로 그 과학적 특성 덕분에 인지학이 내놓는 설명은 모든 인간이 자기 영혼의 인식과 자기 삶의 경험에서 검증할 수 있다. 초감각적인 설명은 권위에 근거해 단순히 믿어서도 안 되고, 이런저런 편견 때문에 성급하게 거부해서도 안 되며, 공평하게 검토해야 한다. 그리고 전술한 내용은 그것이 가능하다는 사실을 보여준다. 물론 맹목적인 믿음과 성급한 거부는 우리의 일반적인 본성에 아주 가깝기 때문에 훨씬 쉽고 편안하다. 공평하게 검토하는 일은 훨씬 더 어려우며, 이를 위해서는 노력을 기울여야 한다.

이제 이어지는 부분에서는 미신과 거부에 똑같이 거리를 두는 이 중도적인 방법으로 루돌프 슈타이너의 삶 자체를 비추어 볼 것이다. 초감각적 사실들에 대한 언급이 없었던 그의 인생 전반기는 그에 대한 언급이 아주 많았던 후반기와 어떤 관계에 있을까? 왜 젊을 때는 그리스도교에 대해 비판적으로 언급하다가 나중에는 긍정적으로 바뀌었을까? 스스로 일직선으로 모순 없이 진행되었다고 주장한 그의 발달 과정은 어땠을까?

2.

루돌프 슈타이너의 삶에서
외로움이라는 모티브

어린 시절부터 루돌프 슈타이너의 영혼의 눈은 정신적인 세계에 열려 있었다. 그의 주변에서 거기에 대해 뭔가 알아챈 사람은 아무도 없었다. 어린 소년도 자신의 초감각적 지각에 관해서는 누구에게도 이해를 기대할 수 없다는 사실을 일찌감치 깨달았다. 그래서 그의 영혼의 삶은 외로웠다. 《내 인생의 발자취》에서는 이 외로움이 다양한 시기에 다양한 형태로 반복적으로 묘사된다. 그렇기 때문에 성인이 된 그가 자신의 초감각적 경험을 주고받을 수 있었던 사람들은 그만큼 더 중요하게 보인다.

약초꾼 펠릭스

스무 살 대학생과 평민 출신의 이 소박한 남자의 만남은 오래전에 지나간 시기로 돌아가는 여행과도 같았다. 펠릭스는 타고난 투시력이 있었는데, 자기 안에 근원적으로 살아있던 그 투시력을 그는

펠릭스 코구츠키

루돌프 슈타이너 1882년

외부의 교육 없이 자신의 방식으로 발달시켰다. 그 때문에 자신의 초감각적 경험들에 대해 이야기할 때도 루돌프 슈타이너가 처음에는 이해하지 못하다가 스스로 해석해야 했던 언어를 사용했다. 그러나 루돌프 슈타이너에게는 마침내 정신세계를 경험한 누군가와 그 세계에 대해 이야기할 수 있다는 사실이 중요했다. 젊은 공과대학생이 그를 따라서 약초를 채집하러 가고, 서로 너무나 다른 두 친구가 어떻게 "자연의 비밀을 꿰뚫어볼 수 있었는지"[37]를 우리는 충분히 상상할 수 있다. 이 관계는 우리의 두 눈과 비교할 수 있다. 공간을 입체적으로 보려면 두 눈이, 그리고 하나로 합쳐지는 두 개의 상이 필요한 것처럼, 이 두 방랑자들도 마찬가지였다. "이 사람한테는 아무것도 '배울' 수 없었다. 하지만 정신세계에 대한 직관을 가지고 있는 사람은 다른 사람을 통해서 정신세계 안에 완전히 자리 잡은 것을 깊이 통찰할 수 있다."

파울리네 슈페히트

루돌프 슈타이너는 23세부터 29세까지 슈페히트 가의 가정교사였고 친구이기도 했으며, 아들 넷을 키우는 어머니의 또 다른 아들과도 같았다. 나중에 그는 파울리네 슈페히트에게서 "모성애의 위대함"[38]을 연구할 수 있었다고 썼다. 그리고 1887년 중병에 걸린 그를 슈페히트 부인이 돌봐주었을 때는 한 편지에서 다음과 같이 썼다. "이 가족은 내가 원래 받을 만한 것보다 훨씬 더 많은 것을 내게 주었으며, 나의 회복은 내가 아니라 지극히 사랑스러운 이 사람들 덕분입니다. 이 집안의 부인은 내가 지금까지 알았던 부인들 중 최

파울리네 슈페히트

1880년대 말의 루돌프 슈타이너

고에 속하는 사람입니다."[39] 그 집의 네 아들과 함께하면서 그는 어렸을 때 할 수 없었던 놀이를 만회했다. 가정교사 슈타이너는 교육이 불가능하다고 여겨졌던 가족의 아픈 손가락 오토 슈페히트를 자신의 교육적 걸작으로 만들었다. 루돌프 슈타이너는 "이 가족의 기쁨과 슬픔을 완전히 함께했다." 빈을 떠날 때 파울리네 슈페히트는 "어떤 상황에서도, 그리고 언제나"[40] 그와 친밀한 관계였음을 보여주는 헌사를 쓰면서 "행복했던 많은 시간"에 대해 그에게 고마움을 표했다. 다른 한편으로 우리는 이 가족에 대한 그의 관계에 "비극적인 뭔가가 섞여 있다"는 사실도 아는데, 이 집의 주인이 유대교에 대한 루돌프 슈타이너의 발언을 모욕적으로 받아들였기 때문이다. 루돌프 슈타이너는 자서전에서 그 일을 자세히 이야기했다. 그러니까 자서전에서 말하는 "기쁨과 슬픔"은 일상적이고 가족적인 굴곡의 의미에서만이 아니라 이 우정 관계의 본질적 특징으로도 이해할 수 있는 것이었다.

파울리네 슈페히트는 음악을 잘 알았고 자녀들의 음악교육을 부분적으로는 직접 했다. 루돌프 슈타이너는 고상하고 교양 있는 이 시민계급의 영역에서 이 가족의 주치의였던 요제프 브로이어를 통해서 당시 전성기에 있던 빈 의학파, 즉 발생 초기의 심리분석학을 알게 되었고, 네 아들의 아버지인 라디슬라우스 슈페히트를 통해서는 도매업의 원리에 대한 중요한 지식을 얻었다. 슈페히트는 면화 수입업자로 국제적으로 활동했다.

이곳은 평민 출신의 소박한 남자의 세계, 계급의식의 개념으로는 프롤레타리아였던 약초 채집가 펠릭스의 세계와는 완전히 다른 세계였다. 하지만 외로운 슈타이너에게는 두 만남에 어떤 공통점이 있었다. 그는 이 부르주아 집안에서도 파울리네 슈페히트처럼 그의 정신적 체험들을 열린 마음으로 들어주는 사람을 찾았다. "이 시기에는 내가 추구하는 모든 문제에 대해서 이 여성과 상의하고 싶은 욕구가 넘쳤다. 그녀는 나의 정신적인 체험에 관한 이야기에 독특한 방식으로 귀를 기울였다. 그녀의 지성은 나의 체험에 공감하면서도 신중하게 자제하는 태도를 유지했다. 하지만 그녀의 마음은 나의 체험 전부를 수용했다."[41] 이런 말에서는 루돌프 슈타이너가 파울리네 슈페히트에게 자신의 정신적 체험에 대해 이야기했다는 것을 쉽게 간과할 수 있는데, 그녀의 영혼이 그의 말에 귀를 기울였다는 것만 이야기하고 있기 때문이다. 그녀는 유대인의 몸에 음악적 재능을 지닌 영혼이었다. 그리고 이 음악적 모티프는 우리를 그가 살던 시대로 더 깊이 이끌어간다. 기쁨과 슬픔은 영혼적인 것일 뿐만 아니라, 장조와 단조를 가지고 있어 객관적으로 음악적 개념이기도 하다. 또한 제자가 조형적으로 성장하는 것을 보면 교육자에게 음악적 분위기가 생동한다.[42] 당시 이 집안의 가정교사뿐만 아니라 그의 초감각적 연구에 자신의 영혼을 열어준 그 부인에게서도 음악적 분위기가 생동했다.

브록도르프 백작 부부

루돌프 슈타이너의 내적 외로움은 베를린에서 절정으로 치달았다. 바이마르와 빈에서는 적어도 어느 정도는 자신의 의도에 따라서 일할 수 있었던 반면, 베를린에서는 자신의 추구에 반하는 생활과 작업에 빠졌기 때문이다. 그는 이 시기를 내적으로는 시련기로 지칭했는데, 외적으로는 몸이 몇 개라도 부족할 정도로 활동을 많이 하던 시기였다.

〈문학 잡지 Magazin für Literatur〉편집자의 업무 외에도 1899년에는 노동자 학교의 교사였으며, 《19세기의 삶과 문학》, 뛰어난 논문 모음인 《철학에서의 이기주의》, 《헤켈과 그의 반대자들》, 마지막으로 《19세기의 세계관과 인생관》의 첫 번째 부분을 집필했으며, 나아가 〈희곡 잡지 Dramaturgische Blätter〉의 편집자이기도 했다. 그래서 당시 친구 루트비히 야코봅스키에게 "나는 반쯤 죽도록 일하고 있네."[43]라고 썼다. 슈타이너는 앞서 언급한 모임 외에도 '조르다노 브루노 협회'와 '디 코멘덴Die Kommenden', '자유 대학Freie Hochschule'에서도 함께 활동했다.

그는 이 모든 방면에서 다음과 같은 물음을 경험했다. "어떻게 하면 내적으로 통찰한 진실을 이 시대에 통용될 수 있는 형식으로 표현할 수 있을까?"[44] "그리고 '우리는 입을 다물어야만 하는가?' 하는 질문은 그야말로 현실이 되었다."[45] 그러니까 그는 당시 근본적이고 방법론적인 언어 문제에 직면해 있었다.

루돌프 슈타이너는 베를린에서 완전한 당대성을 얻었다. 그는 베를린 시기와 함께 시작되었고 《내 인생의 발자취》 22장에서 서술한[46] 영혼의 근본적인 변화를 통해서 감각세계에 내해 완전히 각성했고, 정신적 경험과 물질적 지각은 각각 그 자체의 정당성과 함께 순수하게 분리된 채 그의 영혼 앞에 나타났다. 그는 자신이 해야 할 말을 세상에 전할 준비가 되어 있었지만, 세상은 그것에 대해 전혀 알고 싶어 하지 않았다.

피상적으로 보면 전체 문제는 매우 날카로워졌고, 1900년 9월

브록도르프 백작 부부

29일 토요일에, 그러니까 칼리 유가Kali Yuga*가 끝난 후 첫 번째 미카엘 축일에 마치 발화점처럼 그의 삶의 전환점을 비추는 두 가지 사건이 일어났다.

먼저 루돌프 슈타이너는 그의 〈문학 잡지〉 독자들과 작별했다. 이 잡지는 괴테가 사망한 해인 1832년에 창간되었다. 편집자 슈타이너는 1900년 9월 29일 날짜로 "작별을 고하며"라는 제목 아래 자신은 "내가 그 가치를 믿고 언제나 내 삶을 바치게 될"[47] 세계관과 인생관을 표현하고 싶었다고 썼다. "나는 지난 3년 동안 내가 말하고 싶은 것 이상으로 이 잡지와 밀접한 관계였다. 이 잡지는 내 중요한 관심사였다." 그는 계속해서 그가 이 일을 위해 얼마나 많은 희생을 치렀고 얼마나 많은 싸움을 치러야만 했는지 말했다. 그러고 나서 의미심장한 말을 했다. "더 이상 이런 희생을 하는 것은 내 힘을 넘어선다." 그러니까 루돌프 슈타이너는 여기서 더 이상 나아갈 수 없는 종착점에 도달한 것이다.

그런데 같은 날 두 번째 사건이 일어났다. 그 일주일 전인 1900년 9월 22일 토요일, 슈타이너는 브록도르프 백작 부부의 집에 있는 신지학 협회 도서관에서 니체에 관한 강연을 했다. 그는 이 모임에 처음 참석했고, "청중들 속에 정신세계에 대단한 관심을 가진 인물들이 있다."[48]는 것을 알아차렸다. 슈타이너는 두 번째 강연을 부탁받았다. 그는 강연 주제를 분명 스스로 선택할 수 있었으며, 그래서

---

* 역자 주: 칼리는 산스크리트어로 '불화'와 '다툼'을 의미하며 힌두교의 한 악마의 이름이다. 유가는 시대를 뜻한다. 따라서 칼리 유가는 칼리의 시대, 즉 혼란과 파괴를 부르는 다툼의 시대를 말한다.

루돌프 슈타이너 1904년

'괴테의 비밀스러운 계시'를 주제로 제안했다. 이 강연은 1900년 9월 29일 미카엘 축일에 브록도르프 백작 부부의 집에서 열렸다. "그리고 이 강연에서 나는 동화와 연결하여 순수하게 비의적으로 얘기를 풀어나갔다. 정신세계로부터 주조된 언어로 말할 수 있다는 사실은 나에게 중요한 경험이었다. 내가 여태까지 베를린에서 지내는 동안은 여러 사정으로 어쩔 수 없이 정신세계의 언어가 아니라 내 설명을 통해서만 정신적인 것의 빛이 비추도록 했기 때문이다."[49]

그러니까 우리가 있는 여기 이곳은 수많은 오래된 책들과 비밀스럽고 전통적인 메시지가 가득한 신지학 문헌이 있는 도서관이다. 모여 있는 청중 앞에는 39세의 문화 저술가이자 문학 평론가가 서 있다. 그는 여기서 처음으로 정신세계에서 형성되었고 개인적으로 성취해 낸 현대적인 정신과학에서 유래한 언어로 청중에게 말할 수 있었던 것이다. 자연과학이 감각적 지각으로 행하는 것처럼 정신적인 것을 초감각적 지각으로 파악할 수 있는 정신과학에서 유래한 언어로 말이다. 이 도서관은 어느 귀족 부부의 소유였으며, 외적으로 보았을 때 이 부부는 이 젊은 학자에게 완전한 사상의 자유를 보장한 것 말고는 아무것도 하지 않았다.

그런데 그것으로 사실상 이날 하나의 시대적 전환이 분명하게 드러났다. 이 정신 연구자는 자신들이 식섭 연구하시는 않았지만 그가 전하는 내용을 이해할 수 있는 사람들에게 초감각적인 것에 대해 이야기할 수 있었는데, 이는 그가 초감각적인 것을 관념의 형태로 바꾸었기 때문이다. 이로써 루돌프 슈타이너의 비전적秘傳的이며 대중적인 활동이 시작되었다. 그해 겨울에는 같은 도서관에서 신비주의에 관한 연속 강연을 했다. 그리고 이러한 강연이 있던 어느 날

마리 폰 지버스가 청중으로 등장했다. 이로써 인지학 운동의 씨앗이
뿌려졌다.

펠릭스 코구츠키와 파울리네 슈페히트의 경우와는 다른 만남이
었지만, 브록도르프 백작 부부와의 이 만남 또한 슈타이너의 초감각
적 경험에 대해 알고 싶어 하는 사람들과의 만남이었다는 점에서 다
른 두 번의 만남과 공통점이 있다.

세 번의 만남

우리는 대학생 슈타이너가 펠릭스 코구츠키와 풀숲을 다니며
자연의 정령들을 연구하는 모습을 잘 떠올릴 수 있다. 햇살이 밝은
날이다. 방법론적으로 이제 막 현대적인 과학성에 필적하기 시작한
루돌프 슈타이너의 상상적 인식이 고대로부터 이어져온 약초꾼의
상상적 직관과 만났다. 그리고 에테르가 작용하는 숲과 초원, 꽃과
들판은 두 친구의 상상력 넘치는 대화에 필요한 환경을 제공했다.

그러나 슈페히트 가정에서 우리가 있는 곳은 더 이상 자연이 아
닌 집안이다. 여기서는 음악 문화가 살아 숨 쉬었다. 때는 저녁이
다. 밖은 어두워졌고, 가정교사 슈타이너는 자신의 말을 제대로 들
을 수 있는 본질적 특성을 가진 부인에게 자신의 정신적 체험을 이
야기한다. 상상적 인식이 식물 세계의 상들과 연관되어 있는 것처럼
영감은 소리와 기쁨과 슬픔 속의 영혼적인 삶과 연관되어 있다. 상
상적 의식에서 영감적 의식으로의 전환은 깊은 고통을 동반한다.[50]
당시 슈타이너의 환경에서 이런 입문 단계는 라디슬라우스 슈페히
트와의 난처한 사건이 그에게 가져다준 고통스러운 타격이었다. 슈

페히트 가정에서 보낸 그의 삶은 음악적이고 영감을 불어넣어 주는 분위기에 빠져 있었다.

통찰자 슈타이너는 브록도르프 백작 부부의 집에서 더 많은 청중에게 정신세계에서 형성된 언어로 강연할 수 있었다. 그의 영혼을 무겁게 짓눌렀던 언어 문제는 해결되었고, 그는 이제 침묵할 필요가 없었다. 본질적으로 정신적인 말과 동일한 직관의 힘은 정신 연구자가 그의 주변 사람들에게 강연하는 영역에 이르렀다. 이로써 입문 문화의 미래가 열렸다.

루돌프 슈타이너는 운명적 만남들을 통해서 정신적 영역의 외로움에서 단계적으로 벗어났다. 그 만남은 처음에는 빛으로 가득 찬 상상적 인식의 특성을 지녔고, 그 다음에는 소리를 통한 영감의 분위기였으며, 마지막에는 직관의 언어적 몸짓이었다. 이처럼 루돌프 슈타이너의 삶에서 입문 원리는 카르마의 형태로 나타났다.

예술적으로 말하자면 펠릭스를 통해서는 조형적-회화적 배경이, 파울리네 슈페히트를 통해서는 음악적 배경이, 브록도르프 백작 부부를 통해서는 언어적 배경이 그의 삶 속에 새겨졌다. 이 배경은 나중에 "조형적-음악적-언어적" 방법[51]으로서 루돌프 슈타이너가 성인 교육에 대한 자극으로, 대학 교육의 개혁으로 추천할 정도로 중요시되었다. 그는 그것으로 젊은 성인들을 위한 교육 방법을 도입했으며, 그것은 그의 인생 전반기에 운명의 현명한 인도로 그 자신에게도 도움이 되었던 방법이었다. 루돌프 슈타이너의 정신적 외로움을 완화시켜주고 그를 그 외로움에서 벗어나게 해준 단계들은 앞으로 문명 전체가 공공연하게 입문학의 통찰을 향해 나아가는 과정이 될 것이다.

3.

프리드리히 니체

문제점

루돌프 슈타이너는 1895년에 출간된 그의 저서 《프리드리히 니체, 시대에 맞선 투사》의 서문에서 다음과 같이 썼다. "6년 전 프리드리히 니체의 저작들을 접했을 때 내 안에는 이미 그와 비슷한 생각들이 형성되어 있었다. 나는 그와는 무관하게, 그리고 그와는 다른 길에서 그가 《자라투스트라는 이렇게 말했다》, 《선악의 저편》, 《도덕의 계보》, 《우상의 황혼》 등의 저서에서 말한 것과 일치하는 견해에 이르렀다. 내가 이미 1886년에 발표한 저서 《괴테 세계관의 인식론적 기초》에는 앞서 언급한 니체의 저서들에 기술된 것과 똑같은 생각이 드러난다. 이것이 내가 니체의 표상과 감정의 움직임을 묘사해야만 한다고 느낀 이유이다."[52]

이제 이 글을 읽고 프리드리히 니체의 저서를 읽는 사람은 일반적인 느낌으로는 어려움에 빠진다. 니체가 말하는 초인의 주인 도덕, 그의 본능과 '힘에의 의지', 특히 디오니소스적 인간의 명백한 반그리스도교 같은 것들이 어떻게 《자유의 철학》 앞에서 정당화될까?

루돌프 슈타이너는 신념의 일치에 대해 말한다. 그러나 호의적인 독자조차도 그의 말을 곧바로 이해하지 못하며, 그것을 이해하기 위한 사유 작업을 수행해야만 한다고 점점 더 느낀다. 슈타이너 역시 인지학 독자들이 느낄 이해의 어려움을 예상했다. "특히 인지학자들은 내가 쓴 《프리드리히 니체, 시대에 맞선 투사》를 좋지 않게 생각할지 모른다."[53] 그사이 그런 일은 실제로 일어났는데, 그 예로 린덴베르크[54]와 라발리[55]를 언급할 수 있다. 최근에 에르하르트 푸케는 여기서 논의하는 문제들을 조명했다.[56] 이 글의 저자는 다음의 근본 문제가 먼저 명확해지면 모든 문제는 올바르게 드러난다고 믿는다. 즉, 니체의 '초인'은 루돌프 슈타이너의 '자유로운 정신'과 어떤 관계인가?

1895년 루돌프 슈타이너의 니체 비판

인지학 독자에게는 니체와 생각이 일치한다고 한 루돌프 슈타이너의 주장이 너무 뚜렷하게 떠오른다. 그 때문에 1895년, 루돌프 슈타이너가 앞에서 언급한 그의 저서에서 니체를 분명하게 비판하기도 했다는 사실이 쉽게 간과된다. 여기서는 그 비판을 서두에 놓고자 하는데, 그렇게 하면 핵심 문제를 더 빨리 파악할 수 있기 때문이다.

니체는 "일반적인 의미에서의 '사상가'는 아니었고", "철학적 지력을 가진 사람이 아니었으며"[57], 그보다 그는 자신의 인간 전체로 자신의 철학을 실천하는 사람이었다. 니체는 쇼펜하우어를 스승으로 삼았으며, 그의 《반시대적 고찰》의 세 번째 고찰 제목도 '교육자로서의 쇼펜하우어'라고 붙였다. 루돌프 슈타이너는 그의 니체 비평서 30절에서 "막스 슈티르너가 니체의 교육자였다면 어땠을까?"라고 묻는다. 그리고 다음과 같이 말한다. "슈티르너는 이미 이 세기 40년대에 니체의 세계관을 말했다. 니체처럼 마음의 소리로 가득찬 어조는 아니었지만 수정처럼 투명한 생각으로 표현했으며, 그와 비교하면 니체의 잠언들은 순전히 더듬거리는 것처럼 들릴 때가 많다."

　　루돌프 슈타이너는 이제 니체가 인간의 인격에서 의식이 갖는 중요성을 과소평가했다고 지적한다.[58] 이 '의식'이라는 단어와 함께 갑자기 명확함과 신중함의 세계가 나타나고, 이 세계는 니체가 사람을 매료시키며 밀려드는 예술적 상들의 홍수 속에서 기분을 좋게 하고 진정시키는 작용을 한다. 이 단어는 루돌프 슈타이너의 책에서 마지막 행까지 다시 들을 수 있는 톤을 부여하는데, 특히 《자유의 철학》을 아는 경우에는 더욱 그렇다.

　　슈타이너는 니체가 지상적 본능과 고차적 본능 사이를 제대로 구분하지 못한 결함을 가졌다고 지적한다. 니체가 상술하는 것에는 "도덕적 상상력"이 부족하다는 것이다. 그리고 그의 설익은 본능 이론을 도덕적 상상력이라는 관념으로 끝까지 생각하지 못한다면, 그의 세계관에 끊임없이 이의를 제기할 수 있을 거라고 했나. "물론 디오니소스적 인간은 관습이나 '선악의 저편 의지'의 종은 아니지만 자기 본능의 종이다."[59] 이 문장으로 루돌프 슈타이너는 니체에 대해 언급한 모든 후기 비판들을 선취하는 동시에, 더 이전에 언급한 비판을 반복했다. 나아가 니체 자신이 자기 세계관의 최종 결론을 내린 것이 아니고, 루돌프 슈타이너가 비로소 도덕적 상상이라는 개념

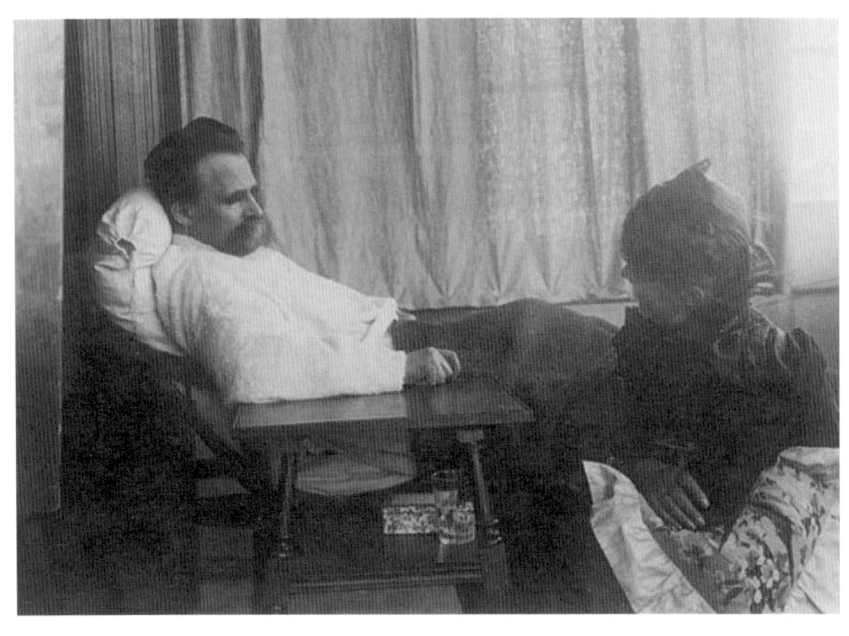

1894년 나움부르크에서 프리드리히 니체와 그의 여동생

을 만들었다는 사실이 분명해진다. 루돌프 슈타이너와 니체의 일치 뿐 아니라 이 둘의 차이도 바로 여기에 있다.

부분적으로는 본격적인 행동 지침으로 명확하게 표현된 니체의 급진적 발언들이 범죄에 동기를 부여하거나 법질서를 폐지하는 의미로 오인될 수는 없으며, 자유로운 인간은 마땅히 "주권을 가진 개인들로 구성되었을 때 인간 사회의 조화는 저절로 나타난다"[60]고 가정할 수 있다.

매우 중요한 이 절(§ 29)은 다음과 같은 말로 마무리된다. "진정한 교육은 한 인격의 위대한 점을 받아들이고 작은 실수들을 바로잡거나 설익은 생각을 끝까지 고민하는 것이라고 생각한다."

진리에의 의지

이제 루돌프 슈타이너가 니체의 위대한 점이라고 불렀던 것이 무엇인지 살펴보자. 인식 문제에는 두 가지 측면이 있다. 슈타이너는 사고가 사물들 안에 있다는 것을, 더 정확히 말해서 사고가 사물들 안에서 작용하고 형성된다는 것을 증명함으로써 인식의 객관적이거나 존재론적인 측면을 밝혔다. "모든 존재는 타고난 개념[그 존재와 작용의 법칙]을 가지고 있다. 그러나 그 개념은 외부 사물들에서는 지각과 밀접하게 결합되어 있으며, 우리의 정신적 유기체 내에서만 지각과 분리되어 있다."[61] 예를 들어 진리의 관념은 이런 의미에서 외부 사물들 안과 우리의 정신적 유기체 밖에 그 자체로 있는 객관적인 존재이다. 그러나 이 형태의 진리는 인간에게는 의식되지 않는다. 따라서 인식 문제의 다른 측면은 필연적으로 주관적인 측면, 또는 좁은 의미에서 인식론적인 것이라고 할 수 있는 측면이며, 이는 인간이 스스로 사고를 형성함으로써 그렇지 않으면 결코 그 자신에게 의식될 수 없는 것을 사물들 안에서 의식하게 만든다. 이 측면에서 진리는 "인간 정신의 자유로운 산물"[62]이며, 인간은 자신의 인식의 주인이다. 이 두 측면에 공평하게 귀를 기울이면, 의심하는 동시대인은 스스로에게 묻는다. "그렇다면 진리란 대체 무엇인가? 그것은 주관적인가, 아니면 객관적인가?" 그 대답은 둘 다라는 것이다!

그리고 두 측면을 서로에 대한 관계 속에서 통찰할 때 우리는 의심을 극복할 수 있다. 루돌프 슈타이너는 1897년 《괴테의 자연과학 저술》 서문에서 다음과 같이 요약한다. "인간의 주관적인 진리 외에 다른 진리에 대해서는 말할 수 없다. 진리란 주관적인 경험을 객관적인 현상의 연관 속으로 집어넣는 것이기 때문이다. 이 주관적 경험들은 심지어 완전히 개인적인 성격을 띨 수도 있다. 그럼에도 불구하고 그 경험들은 사물의 내적 본질의 표현이다."[63] 따라서 진리는 주관적으로 창출되어야 드러나지만, 그럼에도 불구하고 그것은 객관적으로 사물의 본질이다. 사람들이 잘못 생각할 수도 있다는데에는 이의가 없다. 오류는 인식되고 수정될 수 있으며, 또 그것이 바로 진리의 객관적 본질을 증명한다.

쉽게 이해할 수 있듯이 니체는 무엇보다 인식 문제의 주관적인 측면을 파악하고, 경험하고, 감내했다. 슈타이너의 의미에서 말하자면, "인간 자신이 진리의 창조자이다."[64] 루돌프 슈타이너에게 이 말은 문제의 한 측면을 강하게 강조하는 성격을 갖는다. 그러나 니체에게 진리는 개인의 소유가 되며, 그 가치는 다른 누군가와 관련이

적을수록 더 높이 평가된다. "우리가 진리를 원한다고 가정해 보자. 왜 차라리 거짓이 아닌가?"[65] 이 말을 거짓에의 권유로 진부하게 이해해서는 안 되고, 가령 자라투스트라에게 자신이 인정받는지 여부가 완전히 상관없었던 것처럼 극단적, 개인주의적으로 이해해야 한다. "[…] 너희가 모두 나를 부정할 때야 비로소 나는 너희에게 돌아갈 것이다."[66] 니체는 스스로에게 내가 진리를 스스로 만들어낸다면 일반적인 진리를 포기할 수 있지만, 나는 자기 산출의 창조성을 누리고 싶다고 말한다. "그러나 본래 철학자들은 명령자이자 입법자들이고, 그래서 그들은 '그렇게 되어야 한다!'고 말한다. 그들은 먼저 인간의 '어디로?'와 '무엇을 위해?'를 결정하고, 그 과정에서 모든 철학 연구자들, 과거의 모든 극복자들의 준비 작업을 마음대로 사용한다. 그들은 창조적인 손으로 미래를 붙잡는다. 이때 현재와 과거의 모든 것이 그들에게 수단이 되고, 도구가 되고, 망치가 된다. 그들의 '인식'은 창조이고, 그들의 창조는 입법이며, 그들의 진리에의 의지는 힘에의 의지이다. 오늘날 그런 철학자들이 있을까? 그런 철학자들이 이미 있었을까? 그런 철학자들이 있어야만 할까? ……"[67]

그러니까 니체는 현대의 인식 발달 과정에서 인간의 인식을 파산 선언으로 몰아간 바로 그것을 인간 안에 있는 힘으로 파악하는 용기가 있었다. 생각하는 것은 자기 자신이라는 사실을 깨달을수록 사람들에게는 자신이 하는 생각의 가치가 점점 더 불확실해졌다. 그래서 "세계는 나의 표상이다.", "인간에게는 인식의 한계가 있다.", "나는 사물만 인식할 뿐, 사물 자체는 인식하지 못한다."라고 말한다.

인식 문제의 주관적인 측면을 생각하면, 즉, 열광으로 생기가 넘치고, 시적인 이미지로 형상화되고, 매혹적으로 아름다운 언어로 예찬된 "인간 자신이 진리의 창조자이다."라는 문장을 떠올린다면, 우리는 루돌프 슈타이너가 자신의 사고와 동일시한 니체 저술들의 중요한 부분을 파악한 셈이다.

힘에의 의지

그러나 이러한 일치는 예술적-미학적 일치였을 뿐만 아니고, 인식론적으로도 진지한 것이었다. 이는 루돌프 슈타이너가 자신의 인식 개념을 니체의 "힘에의 의지"와 연결시킨 핵심적인 19절에서 분명해진다.

우리는 《자유의 철학》과 그에 따르는 인식학적 저술들을 통해서 관념과 경험, 또는 개념과 지각의 정확한 구분을 알고 있으며, 그것이 슈타이너 철학의 결정적인 요소이자 그 이후에 나온 그의 정신과학적 작업에 기초가 된다는 점을 안다. 《자유의 철학》에서 말하는 지각은 나의 관여 없이 나에게 주어진 모든 것을 의미한다. 표상과 개념도 이런 식으로 지각이 될 수 있으며, 사고도 우선은 관찰을 통해서 파악되어야 한다. 다른 한편으로 사고는 인식에서 우리의 관여를 통해서, 우리의 활동을 통해서 이루어지는 모든 것이다. 이와 관련해서는 두 가지 경계 관념이 근본적이고 반복적으로 제시된다. 한편으로는 사고를 예외 상태로 파악하는 것, 다른 한편으로는 개념이 없고 표상에서 자유로운 순수한 지각이 그것이다.

순수한 지각이 무척 감당하기 어렵다는 것, 심지어는 한 사람의 지성까지 빼앗을 수 있다는 것을 보여주는 사건이 있다. 이탈리아 북부에서 란카로네 댐이 무너졌을 때, 거대한 토석류가 계곡으로 흘러내리면서 끔찍한 피해를 야기했다. 재난은 밤에 일어났다. 토석류가 어떤 집의 1층을 무너뜨렸는데, 다행히 남아 있는 벽 덕분에 2층은 멀쩡했다. 그 집의 가족은 2층에서 잠을 자고 있어서 참사에 대해서 전혀 몰랐다. 아침에 아버지가 창가로 가서 덧문을 열었다. 그는 그의 사고와 표상이 어떤 방식으로도 준비해 두지 않은 무엇인가를 보았다. 그는 미처버려 정신병원에 입원해야 했다. 이 남자는 생각하면서 처리할 수 없었던 예기치 못한 순수한 지각 때문에 심하게 병들었다. 이처럼 순수한 지각에는 강력한 힘이 작용하고 있으며, 우리는 우리의 안녕을 위해서 일상적인 표상들로 그것을 약하게 한다.

그러니까 순수한 지각은 거대한 미지의 것처럼 인간을 압박한다. 인간은 거기에 저항해야 한다. 인간은 사고를 통해서 그런 것에 저항한다. 이런 점에서 사고는 하나의 힘, 즉 순수한 지각과 균형을 이루는 힘이다. 루돌프 슈타이너는 니체에 관한 저술에서 이를 다음과 같이 설명한다. "그[인간] 앞에 놓인 사고의 공허는 미지의 힘처럼 그를 압박한다. 그는 이 힘에 저항하고, 그 힘을 사고할 수 있게 만들면서 그것을 극복한다. 모든 현상을 헤아리고, 심사숙고하고, 평가하는 것도 같은 이유로 일어난다. 그것이 인식에 대한 욕구에서 표현되는 힘에의 의지이다. (나는 나의 두 저서, 《진리와 학문》과 《자유의 철학》에서 인식 과정을 개별적으로 설명했다)."[68]

이렇게 이해했을 때 힘에의 의지에서는 나쁜 의미의 모든 오만과 주인 도덕이 제거된다. 반대로 힘에의 의지는 인간을 인간으로 만드는 지점이다. 이 부분에서 루돌프 슈타이너가 니체와 일치했다는 사실이 그가 그 자신에게서 일시적으로 멀어졌음을 뜻하지는 않는다. 그것은 오히려 루돌프 슈타이너에 의해 설명되고, 이해하려는 독자라면 누구나 이해할 수 있는 니체적 의미의《자유의 철학》이다. 니체를 통해서 파악하는 사유 체계로《자유의 철학》을 이해할 때 우리는 이 책의 본질을 어느 정도 알게 된다. 이런 방식으로 니체를 다시 읽고 이해할 수 있다는 것은 다행이다. 몇십 년 뒤에는 이 책(《프리드리히 니체, 시대에 맞선 투사》 - 역자)을 통해서만《자유의 철학》에 접근할 수 있는 사람들이 있을지도 모른다.

루돌프 슈타이너의 니체 저술은 앞으로 사람들의 관심을 받게 될 것이다. 언젠가 사람들은 우리가 이 책을 부끄러워한 것 아니냐며 지금의 우리 인지학자들을 비웃을 것이다. 우리에게는 니체의 긍정적인 자극보다 그 한계들이 더 중요했으니 말이다.

《안티크리스트》에서 니체의 칸트 비판

우리는 그러한 긍정적인 자극을 니체의 후기 저서인《안티크리스트》에서도 발견한다. 이 책은 다른 많은 것들과 함께 칸트에 대한 탁월한 비판을 담고 있는데, 니체의 초기 저술에 나오는 비판은 이 책만큼 상세하지 않다.[69]

니체는《안티크리스트》에서 다음과 같이 썼다. "미덕은 우리의 발명이어야 하며, 우리의 가장 개인적인 정당방위이자 필수품이어야 한다. 다른 모든 의미로서의 미덕은 단지 위험에 불과하다. [⋯] 모든 '비개인적' 의무, 추상이라는 목록 앞에서의 희생보다 더 깊은, 더 내면적인 파괴는 없다. - 사람들은 칸트의 정언명령을 생명을 위협하는 것으로 느끼지 않을까! […] 내적 필연성 없이, 깊은 개인적 선택 없이, 즐거움 없이 일하고, 생각하고, 느끼는 것보다 더 빨리 파괴하는 것이 있을까? '의무'의 자동기계보다? 그것은 바로 데카당스에 빠지게 하는, 심지어는 백치로 만드는 처방이다. …… 칸트는 백치가 된 것이다. - 그런데 그런 인물이 괴테의 동시대인이었다니! […] 철학으로서의 독일 데카당스, 그것이 칸트이다!"[70] 니체가 여기서 칸트의 정언명령을 거부하는 방식은 전적으로《자유의 철학》의 의미에서이다.

니체는《안티크리스트》17절에서 신神 개념의 발달에 대해 개괄한 다음, 확고한 결론을 내린다. "이제 그[신]는 다시 자신으로부터 세계를 자아냈고 - 스피노자의 형태로 - 이제 그는 스스로를 점점 더 마르고 창백하게 변모시켰으며, '이상'이 되었고, '순수 정신'이 되었고, '절대적인 것'이 되었으며, '물物 자체'가 되었다. …… 신의 몰락이다. 신이 '물 자체'가 되었다.……"[71] 서양의 내세 신앙이 거쳐온 치명적인 추상화의 역사 - 칸트 철학의 파괴적인 영향이 이보다 더 명확하고, 더 진실되고, 더 간략하게 표현된 적이 있었을까?

슈타이너의 저서《진리와 학문》(1892)은 "현재의 철학은 건강하지 못한 칸트 신앙으로 고통받고 있다."는 말로 시작된다. "《자유의 철학》서막"으로 칭해진 책 전체가 오로지 칸트를 반박하는 내용이었다. 루돌프 슈타이너는 1908년 그 일을 돌아보면서 "모든 것을 황폐회시키는 근본저 오류"[72]에 대해 썼다.

칸트는 하나인 세계를 한편으로는 접근할 수 없는 내세로, 다른 한편으로는 지각만 통용되는 현세로 궁극적으로 갈라놓았다. 이로써 실증주의적 학문의 길이 열렸지만, 그리스도교를 바탕으로 교회를 통해 형성된 것과 더불어 교회도 칸트의 내세 안으로 최대한 들어갔다. 이로써 인간은 둘로 나뉘었다. 교회에 갔을 때는 정말로 루시퍼에게 기도했고, 실험실에서 연구할 때 실은 아리만을 섬겼다. 그러나 원래의 신이라는 개념, 즉 그리스도라는 개념은 칸트에 의해서 완성된 서구적 발달로 인해 병들고, 황폐화되고, 파괴되었다. 여기에 인간 멸시의 가장 깊은 뿌리가 놓여 있으며, 이는 오늘날 우리의 문명에 이르기까지 더 이상 구별해 낼 수 없을 정도로 영향을 미치고 있다. 한편으로 다윈주의, 물질주의, 인종주의, 다른 한편으로 민족주의, 극단주의, 비관용은 칸트에 의해 공고해진 서구적 이분법, 서구적 표리부동과 모호성이라는 근원적 악의 결과일 뿐이다.

따라서 니체의 《안티크리스트》에서 그리스도교에 반대하는, 유대인에 반대하는, 무엇보다 연민이라는 모티프에 반대하는 인간을 멸시하는 구절들이 있는 것을 보고, 오늘날의 독자가 20세기를 돌아보며 히틀러 시대의 선전 연설을 떠올린다면, 안티크리스트가 안티-칸트인 한에서 《안티크리스트》에서는 우리 시대의 근본적인 악이 올바르고 적절하게 인식되었다는 사실을 간과해서는 안 된다. 이 점이 루돌프 슈타이너에게 중요한 것이었고, 그 때문에 그는 1894년 12월에 파울리네 슈페히트에게 보내는 편지에 다음과 같이 썼다. "니체의 《안티크리스트》를 읽어보셨습니까? 지난 수백 년 동안 쓰인 가장 중요한 책들 중 하나입니다! 저는 모든 문장에서 저 자신의 감정을 다시 발견했습니다. 이 책이 제 안에 불러일으킨 만족의 정도를 당장은 어떤 말로도 표현할 수가 없습니다."[73] 오늘날에는 《안티크리스트》에서 칸트의 정체를 폭로하는 뛰어난 절(10, 11, 17절) 외에 이러한 열광의 다른 이유를 어디서도 찾을 수 없다. 더 나아가 우리는 《안티크리스트》에서 우리에게 이미 알려진 니체 세계관의 요소들, 다시 말해서 인식 욕구로서의 힘에의 의지, 인간 정신의 주관적 산물로서의 진리, 그리스도교의 내세 신앙의 거부를 발견할 수 있다. 결국 루돌프 슈타이너는 여기서 자신에게 있는 본질적인 사명을 발견했다. 니체는 칸트에 맞서 사고의 실재를 구하려 했다. 루돌프 슈타이너는 바로 여기서 마침내 중요한 동맹자를 찾았다. 오늘날에도 마찬가지이지만, 당시 칸트에 대한 그의 비판에는 아무도 반응하지 않았다.

앞에서 인용한 슈타이너의 편지 구절은 그동안 인지학자들 사이에서 매우 잘 알려져 있다. 그래서 어떤 독자들에게는 루돌프 슈타이너의 열광이 《안티크리스트》에 담긴 반감을 일으키는 비인간적 발언들에 의해서 왜 조금도 약화되거나 상대화되지 않았는지가 심리적 수수께끼로 남을 수 있다. 그러나 그것은 철학이나 문헌학적 해부대에 올려놓을 수 없는 개인적인 편지라는 점을 염두에 두어야 한다. 특히 이념들 중 어떤 것이든 사회적 충동이 아니라 명확하게 감정과 '만족의 정도'를 언급할 때는 더욱 그렇게 의심해서는 안 된다. 이 편지를 쓴 맥락에 있는 개인적인 대화를 사람들이 알기나 할까? 예를 들어 《안티크리스트》의 공격적인 반유대주의가 루돌프 슈타이너의 감탄을 불러일으킬 수 없었나는 점은 편지의 수신자가 루돌프 슈타이너와 친밀했고, 그가 매우 존경한 유대인 여성이었으며, 스스로 가정교사로서 자녀들을 수년간 가르쳤다는 사실에서 이미 분명해진다. 루돌프 슈타이너의 사고방식을 안다면, 《안티크리스트》에 나오는 다른 과장된 내용과 비방에 대해서도 마찬가지로 생각할 수 있다.

루돌프 슈타이너는 몇 달 후인 1895년 4월에도 니체에 관한 책 서문에서 위에서 인용한 니체의 저서 네 편(《자라투스트라는 이렇게 말했다》, 《선악의 저편》, 《도덕의 계보》, 《우상의 황혼》)을 자신의 생각과 일치한다고 보이는 저서들이라고 언급했다. 그런데 니체에 관한 책에서 세 번 인용한 바 있는 《안티크리스트》는 명시적으로 언급되지 않았다. 이로써 루돌프 슈타이너가 1924년 8월 8일 니체에 관한 자신의 책을 어떤 식으로 니체의 《안티크리스트》와 거리를 두었는지도 쉽게 설명된다.

　　이러한 맥락에서 루돌프 슈타이너는 《안티크리스트》의 우려스러운 점을 충격적인 방식으로 언급한다. 즉, 이 책에서 처음으로 아리만이 저술가로 등장했고 앞으로는 더 자주 그렇게 된다는 것이다. [74] 루돌프 슈타이너는 아리만의 필체를 알아볼 수 있는 단어들도 언급한다. 그것은 예수는 "백치"였다고 말하는 부분이다. [75]

　　같은 책에서는 칸트도 백치로 불렸다. 칸트의 경우 이 명칭은 루돌프 슈타이너가 니체의 《안티크리스트》에서 정당하게 열광했던 모든 것을 요약하는 상으로 여겨질 수 있으며, 예수의 경우에는 같은 말이 니체 자신이 빠졌던 비극적인 데카당스를 표현한다. 루돌프 슈타이너는 니체의 이러한 몰락을 1900년 니체에 관한 두 편의 중요한 논문에서 정신병리학의 관점에서 자세하게 설명했다. 이 논문들은 오늘날 《프리드리히 니체 - 시대에 맞선 투사》에 함께 수록되어 있다. 루돌프 슈타이너는 1900년에 5년 전 출간된 자신의 저술을 되돌아보며 다음과 같이 썼다. "저자는 이전에 언급한 자신의 신념과 거리를 두려는 것이 아니라 문제를 다른 측면에서 파악하려는 것이다." 우리는 이미 1895년에 슈타이너의 니체 비판에서 훗날, 1900

년이나 1924년에 니체에 대해 상술하게 될 내용의 싹이 드러나 있는 것을 보았다. 여기서 1895년과 1900년 사이나 1895년과 1924년 사이에 루돌프 슈타이너의 견해에 생긴 변화와 모순, 또는 역설을 끄집어내려는 사람은 프리드리히 니체의 복잡하고, 다층적이고, 대립적인 성격이 그러한 '모순'의 원인일 뿐, 루돌프 슈타이너는 그렇지 않다는 사실을 간과해서는 안 된다.

그 외에도 니체를 니체 자신의 방식으로 비판하는 1892년에 쓴 두 편의 논문[76]이 더 있으며, 이후에 나온 슈타이너의 모든 지지와 비판은 이 탁월한 논문들에서 쉽게 전개될 수 있다.

루돌프 슈타이너의 "안티-내세"

니체는 이렇게 썼다. "하지만 친구들이여, 나는 그대들에게 내 마음을 완전히 드러내겠다. 만일 신들이 존재한다면 내가 어떻게 신이 아니라는 사실을 견디겠는가! 그러니 신은 존재하지 않는다." …… "이 순종의 교사들! 이들은 작고 병들고 부스럼 딱지가 덮인 곳이면 어디든 이처럼 기어다닌다. 내가 그들을 탁 눌러 죽이지 않는 것은 단지 혐오감이 나를 가로막기 때문이다. 좋다! 이것이 그들의 귀에 대고 하는 나의 설교이다. 나는 자라두스트라, 신을 부정하는 자다. 나보다 더 신을 부정하는 자가 누가 있어 내가 그의 가르침을 기뻐해야 하는가? 나는 자라투스트라, 신을 부정하는 자이다. 나는 어디서 나와 같은 자를 찾을 수 있을까? 스스로 자신의 의지를 따르고 모든 순종을 거부하는 자는 모두 나와 같다."[77]

루돌프 슈타이너도 니체에 대한 자신의 책에서 날카롭고 분명하게 표현한다. "병든 본능을 가진 사람들은 정신과 육체를 분리시켰다. 병든 본능은 내 왕국이 이 세상에 속하지 않는다고 말할 수 있을 뿐이다. 건강한 본능의 왕국은 오직 이 세상뿐이다."[78] 여기서는 완전히 결정적인 단어들이 선택되었기 때문에 그것이 어떤 의미인지 이해하는 것도 매우 분명하다. 루돌프 슈타이너는 이 단어들로 서구적인 사상의 발달이 교회의 주도 아래 발명한 육체와 분리된 추상적인 정신, 인간은 그저 믿어야만 하는 단순히 생각해 낸 내세를 거부하고자 했다. 그는 1925년까지 이 내세와 이런 방식의 추상적인 정신을 변함없이 거부했다.

그러나 죽음 이후의 삶, 그리스도의 죽음과 부활, 옛 계시 종교들이 믿는 아홉 위계의 천사와 신적인 삼위일체, 또는 "내 나라는 이

루돌프 슈타이너의 루시퍼 연구, (1917/18년, 연필)
영혼이 사고에만 전념하면, 영혼은 위로 올라가려고 한다.

동굴 속의 아리만
루돌프 슈타이너의 조각품(1917/18년)을 본보기로 그린 펜 스케치.
영혼이 지각 속으로 들어가 굳어지면, 영혼은 동물의 수평 방향으로 구부러진다.

세상에 속한 것이 아니다"(요한복음 18장 36절)라는 인상 깊은 문장에 대한 후기 슈타이너의 글을 읽으면, 우리는 루돌프 슈타이너가 이전의 자신과 모순된다고 생각하기 쉽다. 거기에는 초기 저술에서 그가 그처럼 단호하게 거부한 내세 전체가 다시 나오지 않는가? 물론 다시 나오는 것은 분명하지만, 이는 내세에 대한 믿음으로서가 아닌 지각으로서 나온다. 이것이 모든 것을 결정하는 차이이다. 인지학에서는 이전에 내세였던 것이 현세에서, 즉 이 인간 지각 능력의 세상에서 나타난다. 비록 그에 필요한 기관들은 초감각적이어야한다고 해도 지각 기관들인 동시에 인간의 것이기도 하다. 그런 한에서 니체와 마찬가지로 젊은 슈타이너도 그 지각 기관들에 반대할 수는 없을 텐데, 그것들은 젊은 슈타이너가 자신의 건강한 본능이 한정되어 있다고 생각한 세상의 것이기 때문이다.

오늘날에도 '초감각적 지각'과 같은 말은 여전히 사람들에게 충격을 야기한다. 이 점에서 우리의 문명이 얼마나 칸트에 흠뻑 젖어 있는지 알 수 있다. "초감각적인 것은 존재할 수 있지만, 지각으로서 존재할 수는 없고 학문으로서는 전혀 존재할 수 없다. 지각은 초감각적이거나 정신적일 수 없다는 것을 우리는 알고 있다." 이 반론은 현세와 내세라는 오래된 분리가 변함없이 유효한 반론일 것이다. 둘을 통합하는 것이 루돌프 슈타이너를 움직인 사극이었고, 이 점에서 그는 항상 변함이 없었다. 슈타이너는 내세와 현세를 어디서나 루시퍼적인 것과 아리만적인 것으로 구별해서 독생자의 일원적 세계가 드러나게 했으며, 그런 세계에서는 루시퍼와 아리만도 그들에게 필요한, 그러나 그리스도에 의해서 분배된 자리를 차지한다. 그렇기 때문에 그는 철학적으로 칸트를 반박했고 인지학적으로 그에게 대항했다. 1890년대에 슈타이너가 보인 이른바 "반그리스도교"는 칸트가 이끌어 간 교회의 "루시퍼적 포로 상태"에 맞선 싸움이었다. 이 싸움은 내적인 그리스도교에 기반을 둔 것이었다. 이 역시 그의 니체에 관한 책 내용에서 인식할 수 있다.

슈타이너의 니체 저술에서 그리스도교적인 것

루돌프 슈타이너가 이미 1895년에 언급했고,[79] 세 개의 결정적인 진술에서 그 정점을 이루는 니체 세계관에 대한 수정으로 다시 한번 돌아가 보자.

"니체는 인간의 인격에 대해 의식이 갖는 중요성을 과소평가했다."[80] 《자유의 철학》의 의미에서 "인간의 의식은 개념과 관찰이 서로 만나고 결합하는 현장이다. 하지만 그렇게 해서 동시에 이 (인간의) 의식의 특성이 생겼다. 의식이 사고와 관찰 사이의 중개자라는 특성이 말이다."[81] 앞에서 우리는 지각과 사고에 어떤 힘이 작용하는지 언급했다. 이는 특히 그 둘을 그 자체로 관찰할 때 드러나는 사실이다. 사고와 지각을 마치 독립적인 존재인 것처럼 각각 그 자체로 살펴보도록 하자. 사고가 가진 창조적이고 자발적인 특성과 지각으로부터 추상화하는 능력에는 고독에서 너무 많은 기쁨을 얻고 사고에만 골몰하는 사람을 만들 위험이 도사린다. 인식 문제의 절반에 해당하는 것, 즉 인간이 스스로 진리를 만들어낸다는 문제가 그런 위험에서 생긴다. 니체는 그것을 화려한 언어적 아름다움으로 포착할 수 있었고, 그래서 우리는 그의 아름다움에 취한 눈앞에서 디오니소스적 인간이 춤추는 모습을 본다. 그러다가 우리는 다시 초인의 거만과 자기주장을 솔직히 두려워한다. 인식학적으로, 그리고 냉철하게 말해서 이 모든 것은 루돌프 슈타이너가 이전에 말했던 것처럼 "사고의 루시퍼적 요소"이다. [82]

진리 관념이 인간으로부터 독립된 객관적인 존재로 나타난다는 인식 문제의 두 번째 절반은, 그것이 일단 이해되고 나면 사람들을 쉽게 독단주의에 빠지게 하여 한 가지 관점을 고집하도록 유혹한다는 것이다. 여기가 바로 니체가 경멸하며 교양 속물이라고 부른 영역이다. 이 모든 것에는 루돌프 슈타이너가 "지각의 아리만적 요소"[83]라고 부른 것이 들어 있다. 우리는 그것에 수동적으로 빠져 있고, 그것에서는 아무것도 바꿀 수 없으며, 자연적인 권위인 그것에 복종해야 한다. 이런 관점에서 보면, 니체가 말한 힘에의 의지가 얼마나 타당한지 알 수 있다. 진리에의 의지는 힘에의 의지이다. 개념과 지각 속에서 서로 싸우며 대립하는 것은 우주의 권세인 루시퍼와 아리만이기 때문이다.

그러니까 사고의 루시퍼적 요소와 지각의 아리만적 요소는 우리의 의식 안에서 만나고, 의식 안에서 서로 연결되고 매개된다. 따라서 일상생활에서는 우리에게 의식되지 않지만, 의식은 실제로 두 요소가 균형을 이루게 되는 우리 인식 안에 있는 그리스도의 무대이나. 모든 인식은 그런 그리스도의 힘을 통해 개념과 지각을 결합시키는데, 이는 인식의 내용과는 무관하게 틀리거나 옳을 수 있으며, 루시퍼적이거나 아리만적일 수 있고, 반그리스도교적이거나 그리스도교적일 수도 있다. "태양이 의로운 자와 불의한 자를 모두 비추는" 것처럼, 의식도 모든 인식을 그 어떤 사심도 없이 매개한다.

그러면 루돌프 슈타이너가 니체의 세계관에 "의식!"이라고 크게

그리스도의 머리에 대한 루돌프 슈타이너의 두 번째 연구 (1915년 부활절, 점토)
눈, 이마, 머리카락의 비대칭이 더 높은 조화로 결합되어 있다.
목조 그룹의 전체 작품에서 볼 때, 루시퍼는 머리카락의 물결로 연장되는
이마의 주름 방향에서 머리부터 왼쪽으로 떨어진다. 아리만은 오른쪽으로 배치되는데,
귀는 드러나 있고, 이마는 매끄러우며, 턱수염은 없다.

외칠 때, 이 자유로운 영혼이 자신의 디오니소스적 형제에게 말하려는 것은 무엇일까? 그는 초인으로 하여금 자기 편파성에서 벗어날 수 있게 해줄 드러난 동시에 감추어진 그리스도의 말을 형제에게 전한다. 루돌프 슈타이너는 니체가 누리고자 했던 것과 같은 인간성을 알고 싶어 했다. 슈타이너는 나중에 "내 인간성의 의식"을 "인지학"으로 명명했다.

　도덕적 상상도 같은 의미에서 이해할 수 있다. "이 개념이 니체의 세계관에 추가되는 것은 절대적 필연이다."[84] 도덕적 상상이란 무엇인가? 도덕적 상상은 우리의 도덕적 관념들을 실제 현실과 연결시킨다.

　이를 더 잘 이해할 수 있는 실제적인 예를 한 가지 들어보자. 모든 사람은 진실을 말해야 한다는 도덕적 관념에는 누구나 동의할 것이다. 하지만 예를 들어 부수입을 세무서에 사실대로 신고해야 하나, 말아야 하나와 같은 구체적인 상황에서는 많은 사람이 이러한 진실의 관념에 따르지 않는다. 이렇게 많은 상황에는 현실과 대조를 이루는, 일반적으로 인정되는 도덕적 관념의 세계가 있으며, 비도덕적인 삶의 일상은 이 세계와 직접적으로 대립해 있다. 여기에는 무엇이 빠져 있을까? 여기서 빠진 것은 도덕적 상상이다. 도덕적 직관을 그 자체로 매우 중요하게 어거 거기에 푹 빠져 있는 도덕적 상상이다. 도덕적 상상은 그 창조적 힘을 통해서 현실로 나아갈 길을 내는 표상들을 만들어낸다. 예를 들어, 납세 의무의 경우에는 도덕적 상상을 통해서 세금으로 할 수 있는 유익한 일, 가령 가난한 사람들의 최저 생계비를 보장한다는 것을 생각할 수 있다.

　우리는 이 일상의 예로부터 도덕적 상상이 자유로운 행위에서 절대적으로 필요하다는 것을 이해할 수 있다. 하나의 행위가 자유로운지, 그렇지 않은지를 판단하는 척도는 순수한 사고이다. 따라서 도덕적 직관의 자유는 사고의 영역, 루시퍼의 영역에서 노력으로 얻어지는 것이다. 다른 한편으로 자유로운 행위의 목표는 현실, 즉 아리만이 작용하는 지각의 세계이다. 여기서 제대로 해 나가려면 그 자체만으로 쉽게 습관적 행동이 되는 도덕적 기술이 필요하다. 도덕적 직관에서 습관적 행동이 구제되고 직관이 실현되는 도덕적 기술로 가는 길을 우리는 도덕적 상상을 통해 발견한다. "인간은 먼저 상상을 통해 자신에게 있는 관념의 총합으로부터 구체적인 표상을 만들어낸다. 따라서 자유로운 정신이 자신의 관념들을 실현하고 관철하기 위해 필요한 것은 도덕적 상상이다."[85]

의식이 인식의 측면에서 매개하는 것처럼, 도덕적 상상은 행동의 측면에서 개념적 요소와 지각 가능한 요소 사이를, 본질적으로 말하면 루시퍼와 아리만 사이를 매개한다. 우리는 이 매개하는 것에서 그리스도의 힘을 알게 된다.

그렇다면 니체의 초인에게 "도덕적 상상!"을 소리치는 자유로운 정신은 무얼 말하는 걸까? 그는 초인이 행동에서도 그 자신이 원했던 것으로 되게 하는 그리스도의 두 번째 말을 전한다. 도덕적 상상은 니체의 초인을 그리스도교적으로 행동하는 자로 변화시킨다.

세 번째로 루돌프 슈타이너는 1895년 "인간 사회의 조화"를 언급했는데, 그것은 자라투스트라가 들었다면 매우 이상하게 느꼈을 말이었다. 자유로운 정신은 다른 사람들과 조화를 이루는데, 각자가 개별적으로 만들어내는 관념들이 결국 전체이기 때문이다. "이로써 자유로운 사람은 주권을 가진 개인들로 구성되었을 때 인간 사회의 조화가 저절로 생긴다고 정당하게 가정하게 된다."[86] 이런 말과 함께 자유로운 정신은 자신의 외로운 형제를 일찍이 그리스도교 최고의 이상이었던 평화를 실현하라는 소명을 받은 자유로운 정신들의 공동체로 다시 인도한다.

그리스도라는 명칭과 그리스도의 자극

따라서 루돌프 슈타이너가 1895년 니체에 대해 언급한 수정 부분에는 《자유의 철학》에서 말한 그리스도교적인 것과 같은 방식으로 인식될 수 있는 감춰진 그리스도교의 실체가 살아있다.[87] 그러나 두 책에서 루돌프 슈타이너는 이 실체에 아직은 그리스도라는 명칭을 붙일 수 없었다. 당시 이 명칭은 교회의 진부한 내세 신앙에 있는 전통적인 내용만을 대변했고, 루돌프 슈타이너 자신도 아직 그리스도교의 본질을 인지하지 못했기 때문이다. 따라서 루돌프 슈타이너에게서 그리스도교적인 것을 말하는 명칭은 찾을 수 없으며, 더 이후에 나온 저서에서도 그것은 그 속에서 찾아야 한다. 루돌프 슈타이너는 나중에 자신은 사는 동안 본질적으로 변하지 않았다고 말했는데, 이는 전적으로 타당한 이야기였다.[88] 그는 평생 그리스도교 정신으로 활동했지만, 1897년에서 1900년에 이르러서야 그 사실을 깨달았기 때문이다. 자기 활동의 원천에 대한 이 깨달음은 젊은 루돌프 슈타이너가 1880년대에 이미 예수와 그리스도의 차이에 대해 시토회 수도사 W. 노이만에게 설명했던 중심적인 생각 그 이상이다.[89] 또한 자주 인용되는 "인간의 진정한 성체 배령"[90]에 대한 말 그 이상이다. 루돌프 슈타이너에게 그 깨달음은 자신이 직전에 집필한

《자유의 철학》의 내면적 그리스도교를 인식하는 것이었다. 우리는 이러한 자기 인식이 루돌프 슈타이너의 마음에 불러일으켰을 충격을 상상할 수 있을까? 이 새로운 자의식은 루돌프 슈타이너의 영혼에 학문과 예술과 종교를 다시 결합시키고, 개별 인간과 인간의 공동체를 평화로 이끄는 넘치는 창조적 힘을 불어넣었다.

그렇다면《프리드리히 니체 - 시대에 맞선 투사》에서 말하는 인지학이란 무엇일까? 그것은 자신에게 있는 그리스도의 자극을 인식하고, 그것을 통해 인간 사회의 조화를 이끌어내는 현대 인간의 도덕적 상상이다.

4.

《자유의 철학》과 그리스도교

그리스도교는 박애와 이웃에 대한 사랑의 종교로 널리 알려져 있지만, 그리스도교의 진리 관념은 수세기가 지나는 동안 점점 신뢰를 잃었다. 이는 종교 재판과 교회법원, 교황 무오류성 교리, 교황 회칙 '우남 상크탐unam sanctam'*의 해석이 그 진리 이념을 악용했기 때문만은 아니다. 그것은 무엇보다 지난 수백 년에 걸친 사고의 발달에 의해 인식의 한계들이 생겼고, 진리를 소유한다는 의식이 불가능한 것으로 여겨졌기 때문이기도 하다. 이와 관련해서는 계몽주의 극작가 고트홀트 레싱이 말한 진리 추구자의 비유가 자주 인용된다. 그에 따르면 절대적 진리는 오직 신에게만 있고, 우리 인간은 진리를 추구하는 데 만족해야 한다. 표어는 '지적 겸손'이며, 관용에 대한 우리의 갈망도 이런 방식으로 충족되기 때문에 우리는 올바른 길에 있다고 느낀다.

---

* 역자 주: 14세기 초 교황 보니파시오 8세의 회칙으로, "Unam sanctam"이라는 말로 시작된다. 이른바 세속 권력에 대한 교권의 우위를 교리로 선포한 문서로, 제후들의 반발을 불러일으켰다.

그러나 권력에 민감한 고위 성직자들만 진리를 해석하지는 않았다. 예수 그리스도 자신도 복음서에서 우리의 현대적 의식으로는 스캔들로 들리는 말로 진리에 대해 이야기했다. "진리에 속하는 자는 내 음성을 듣는다." (요한복음 18장 37절).

그렇다면 진리와 그리스도교는 어떤 관계일까? 진리란 무엇인가? 빌라도의 이 물음은 2000년 전처럼 오늘날에도 똑같이 현안으로 보인다. 여기에 《자유의 철학》을 추가하면 이 물음은 더 흥미로워진다. 이 저술의 내용은 당시의 교회 중심인 그리스도교에 반대하는 이런저런 것을 제시하지만, 저자는 그 방법적인 면을 "바울로의 인식론"[91]이라고 불렀다. 《자유의 철학》은 "인간 안에 있는 그리스도 자극 위에 세워졌다."[92] 이 말은 어떻게 이해해야 할까?

인식에서 진리의 순간

《자유의 철학》에서 진리는 외적으로 증명되는 것이 아니고, 우리가 진리의 본질을 관찰할 수 있는 지각의 영역으로 인도된다. 이것은 사고하는 사람이 사고를 관찰한다는, 이른바 예외 상태에서 일어난다. 그러면 방법과 내용이 하나가 된다. 우리는 사고 자체를 통해서 사고를 파악할 수 있다. 이때 우리는 우리가 다른 모든 인식에서는 관찰하지 않는 것을 관찰한다. 바로 우리 자신의 활동을 관찰하는 것이다. 이 예외 상태에 있는 동안 사고하는 사람은 자기 몸의 공간성에는 영향을 받지 않는다. 예외 상태의 확고한 지점, 즉 현재 활동 중인 사고와 이미 관찰된 사고 사이의 차이는 오직 시간적 규정에 종속되어 있기 때문이다. 다시 말해서 나는 나의 현재 사고를 결코 관찰하지 못한다. 이런 점에서 우리의 사고는 우리의 몸에서 벗어나 있다. 더 정확하게 말하자면 사고는 시간 속에서만 살아가고 공간을 극복한다. 자유란 먼저 몸으로부터의 자유, 뇌라는 우리 몸의 공간적 도구로부터의 자유이다. 자기 스스로 만들어내고 스스로 설명하는 사고의 관점이 자유의 관점이다. 사고의 관찰에서는 자아와 세계, 주체와 객체, 개념과 지각처럼 대립하는 것들이 하나가 된다. 루돌프 슈타이너는 자기 스스로 산출하는 이 사고를 순수한 사고, 직관적 사고, 또는 살아있는 사고라고 불렀고, 이런 사고처럼 완전히 명확한 인식을 직관이라고 불렀다.

내면의 명확성을 경험할 수 있는 사람, 자기 스스로 생성하고 이끌어가고 스스로에게 돌아오며, 자기 스스로에 근거하는 동시에 자기 안에서 움직이는 사고를 경험할 수 있는 사람은 - 하려고만 하면 누구나 이렇게 할 수 있지만 - 사고의 이 직관에서 다른 모든 인식이 진리의 빛을 받아들이는 확고한 지점이 획득된다는 사실을 지각하면서 사고할 수 있고 사고하면서 지각할 수 있다. 사고의 직관은 진리 자체의 인식이지만, 이 형태에서 진리의 내용은 그 자신뿐이다. 그 때문에 진리는 이 부분에서 쉽게 오인된다.

앞서 언급한 레싱의 진리 추구자의 비유에 따라 말한다면, 진리를 추구하는 우리의 노력이 진리 자체보다 훨씬 더 가치 있다는 것은 내용면에서 볼 때 옳다. 모든 물음에 대해 직관의 기준에 부합할 정도로 명확하게 대답하기까지는 아직도 끝없이 많은 일을 해야 하기 때문이다. 그러나 레싱이 진리의 개념을 신적인 진리와 인간적인 진리로 분리할 수 없었다면, 그에게 진리의 신적인 부분이 적어도 원칙적으로 분명하지 않았다면, 그는 그 비유를 결코 쓰지 못했을 것이다. 진리는 양적으로는 신만을 위한 것이지만, 질적으로는 인간에게 주어져 있다. 그렇지 않다면 진리 개념 자체가 존재하지 않았을 것이고, 하물며 진리에 대한 추구는 더 말할 것도 없다. 목표를 모르는 사람은 방법을 가질 수 없다. 질이나 방법으로서의 진리는 인간이 도달할 수 있고 인간에게 알려져 있다. 모든 철학자와 연구자들은 인식에서 이 진리의 순간을 전제했고, 루돌프 슈타이너는 그것을 이해했다. 사고의 직관에서 이 자유나 진리의 순간은 오직 사고만, 따라서 방법론적인 내용만 갖기 때문에, 올바르게 이해했다면 이 진리에서 어떤 광신주의나 독단주의가 도출될 수는 없다. 사고의 직관에는 다른 모든 인식을 측정할 수 있는 진리의 기준만 있기 때문이다. 우리는 오랜 발달 과정을 거쳐야만 지금까지 수학과 기하학에서만 해낸 것처럼 명확하게 모든 삶의 영역을 이해할 수 있다. 수학에서는 직관의 명확성을 사고만이 아닌 다른 영역으로 확장하는데 전반적으로 성공했다. 따라서 양적으로 보았을 때는 우리가 소유한 진리가 얼마 안 될 수 있지만, 인식의 본질이라는 면에서 보았을 때는 모든 인식이 직관이 되는 날이 올 것이고, 인간만이 이 목표에 도달할 수 있다는 거의 무한한 인식에의 열광이 생길 수 있다.

사고, 그리고 사고에 대한 관찰을 전체 인식의 핵심으로 제시하는 이러한 방식은 간혹 순진하다고 불리기도 한다. 특히 철학적으로 단련된 전문가들이 그렇게 말한다. 이로써 그들은 앞에서 언급된 예외 상태를 자신들에게서 불러일으키거나 그것을 판단할 능력이 없다는 것을 보여준다. 이 예외 상태를 불러일으킬 수 있는 사람은 다른 모든 인식에서는 실제로 무비판적인 순진함이었을 바로 그 순진함이 사고를 관찰하는 동안 유지되어야 한다는 것을 관찰할 수 있기 때문이다. 사고의 관찰에서는 관념과 지각이 일치하기 때문에 이 예외적인 상태를 순진하다고 할 수 있지만 동시에 비판적이라고도 할 수 있으며, 순수한 지각이라고 할 수도 있지만 동시에 순수한 사고라고도 할 수 있다. 심지어는 사고의 직관에서 진리가 순진한 형태로, 즉 완전히 직접적으로 나타나지 않는다면, 그것은 진리가 아닐 것이라고 말해야만 한다. 더 비판적으로 의문이 제기될 수 있는 것은 '진리'가 아닐 것이기 때문이다.

루돌프 슈타이너의 방법론적 불변성

'진리란 무엇인가'와 '진리는 어떻게 생겨나는가'도 구분해야 한다. 진리는 오직 인간을 통해서만 생겨날 수 있다. 이런 점에서 종종 언급되는 다음의 말은 타당하다. "진리는 일반적으로 가정하는 것처럼 어떤 실재적인 것의 관념적 반영이 아니며, 우리가 스스로 만들어내지 않는다면 어디에도 존재하지 않는 인간 정신의 자유로운 산물이다."[93]

1897년에 비슷한 형태로 언급한 것도 마찬가지이다. "인간 정신이 외부 세계와 마주설 때 그 인간 정신에서 생기는 사고의 내용이 진리이다. 인간은 자신이 신출하는 인식 이외에 다른 인식을 요구할 수 없다."[94]

이 표현은 매우 급진적인데, 진리는 인간 정신에서만 의식적으로 나타날 수 있는 반면, 다른 모든 것에서는 '단지' 영향을 미친다고 말하기 때문이다. 그렇다고 해서 이 말이 때때로 거기서 유추되는 것, 즉 그 자체로 존재하는 진리는 없다는 것을 의미하지는 않는다.

진리는 인간 정신의 자유로운 산물이지만, 그럼에도 불구하고 다음과 같은 말이 적용되는 진리이기 때문이다. "진리를 파악할 때 영혼은 자기 안에 자신의 가치를 지닌 어떤 것과 결합된다. 그리고 이 가치는 영혼과 함께 생기지 않은 것처럼 영혼의 감각과 함께 사라지지도 않는다. 진정으로 진리인 것은 생성되지도 사라지지도 않는다. 그것은 파괴될 수 없는 의미를 가지고 있다."[95] "이기적인 인간 의지가 진리를 규정할 수는 없으며, 이 진리 자체가 인간의 통치자가 되어야 하고, 그의 전 존재에 스며들어 그를 정신세계의 영원한 법칙의 모사로 만들어야 한다."[96]

모두 결연하기만 한 이 말들은 납득할 만하다. 방금 언급한 '정신세계의 영원한 법칙'은 비록 투시력이 없는 우리에게는 정신 연구자의 보고에 의해서 일단 관념의 형태로 나타나지만, 인식론적으로는 지각이기 때문이다. 이를 유의하지 않는 사람은 방금 인용한 구절들 사이에서 항상 모순을 얻게 될 것이다. 관념으로서의 진리는 '인간 정신의 자유로운 산물'이며, (초감각적) 지각으로서의 진리는 '정신세계의 영원한 법칙'을 포함한다.

루돌프 슈타이너는 세세하게 따지기를 좋아하는 사람이 아니었고, 그의 각 진술을 어떤 맥락에서 이해해야 하는지 말하지 않았다. 첫 번째 시기에 나온 그의 저작은 방법론적이고, 1900년 이후에 나온 저술은 내용적인 것이었다. 루돌프 슈타이너는 독자들에게 이 두 극 사이에 놓인 작업을 스스로 수행할 것을 요구했다. 젊은 슈타이너에게는 "관념에는 물을 수 있는 모든 것이 담겨 있다."라는 말이 본보기였다.[97] 그의 정신 연구자로서의 고백도 특별하다. "비밀학은 경험을 기반으로 하며, 이 경험 내에서 만족한다."[98] 그에게 중요한 문제는 처음에는 사고였고, 그 다음은 지각이었다. 이 지각이 처음에는 감각적으로만 이해될 수 있었고 나중에는 정말로 초감각적이었다는 사실은 방법론적으로 어떤 변화도 의미하지 않았다. 그의 인식 개념은 항상 동일했다.

인식에서 사랑의 원천이 되는 지점

사고는 일상적인 정신생활에서는 관찰되지 않는 요소이다. 사고의 특징은 사고하는 동안 사고하는 사람은 사고한다는 사실을 잊는다는 것이다. 사고하는 사람이 관심을 갖는 것은 자신의 사고가 아니라 활동의 객체, 즉 자신이 사고하면서 다루는 대상이다. 이는 예를 들어 감정에서는 결코 그렇지 않다. 우리는 특히 세상에 대한 반응에서 우리 자신의 영혼을 느끼면서 경험한다. 우리에게는 우리 자신이 매우 중요하기 때문에 감정도 우리에게 매우 중요하다. 그러나 사고는 영혼적으로 보았을 때 우리의 활동 가운데 가장 몰아적이다. 따라서 빛으로 가득한 사고의 명료함은 동시에 자기를 잊고 현상들 안으로 침잠하는 것으로 드러난다. 1918년 신판을 위해 추가된 8장에서 자주 인용되는 다음 대목은 그렇게 이해할 수 있다. "인간의 다른 영혼 활동 중에서 사고만큼 쉽게 오인되는 활동은 없을 것이다. 의지, 감정은 그 원래 상태를 추체험할 때도 인간의 영혼을 따뜻하게 해준다. 사고는 이 추체험을 너무 쉽게 차갑게 만들고, 그래서 영혼생명을 고갈시키는 것처럼 보인다. 그러나 이는 사고라는 빛으로 짜이고 세계의 현상들로 따뜻하게 잠기는 실재가 강력하게 드러나는 그림자일 뿐이다. 이 침잠은 사고 활동 자체에 흐르는 힘,

즉 정신적인 종류의 사랑의 힘과 함께 일어난다."

이는 사고를 관찰하면 더 뚜렷해진다. 지각하는 사고와 인식하는 사고의 본질은 동일하다. 그들은 하나로 융합된다. 하나는 다른 하나에서만 의식된다. 이것이 사랑이다. 분리는 시간적 차이에만 있는데, 나는 나의 현재 사고를 결코 관찰할 수 없기 때문이다. 따라서 직관은 사랑과 동일한데, 직관에서는 우리가 인식한 것과 융합하기 때문이다.

이렇게 관찰할 때 우리는 사고의 직관이나 사고의 관찰에서는 사랑과 진리가 원리임을 통찰할 수 있으며, 예외 상태에서는 우리의 인식과 행동의 척도인 그 사랑과 진리를 언제든 볼 수 있다. 그리고 여기서 진리와 사랑은 동일하다. 예외 상태는 본질적으로는 사랑이고 형식적으로는 진리이다. 그러나 이 경우에 본질과 형식은 동일한 것, 즉 우리의 사고이다.

우리는 예외 상태를 통해 진리와 사랑의 내적 일치를 방법적으로 관찰할 수 있게 되면서 그리스도교의 핵심도 질적으로, 즉 어떤 신앙의 결과로서가 아니라 차분하고 사려 깊이 사고하는 관찰의 결과로서 파악할 수 있게 된다. 이를 통해서 《자유의 철학》은 "바울로의 인식론"으로 인식될 수 있다. 다른 한편으로 이 진술로는 어떤 불손도 불가능한데, 그런 불손의 대상은 기껏해야 전체 그리스도교의 싹이나 뿌리일 뿐, 우리의 원래 과제는 이 싹의 잎과 꽃과 열매를 산출하고 실현하는 것이기 때문이다.

종교적인 비유로 이야기하자면, 사고의 관찰은 지각과 개념이 아직 분리되지 않았던 인식의 낙원으로 우리를 돌려놓는다. 우리는 순수 상태의 인식을 경험한다. 낙원은 인식 가능한 현실이 된다. 다른 모든 인식에서는 개념과 지각이 분리될 수밖에 없고, 그래서 우리는 낙원으로부터 분리된다. 인식의 모든 오류, 모든 고통은 우리가 사고를 관찰할 때처럼 개념과 지각을 완전히 조화롭게는 일치시키지 못하는 데서 비롯된다. 우리 인식이 지각과 개념으로 분리되는 것은 종교적으로 말해서 원죄, 즉 바울로가 첫 번째 아담의 탄생이라고 불렀던 것에 해당한다.

우리 인식의 두 버팀목

나는 움직이는 나뭇잎을 관찰하고, 그 움직임을 작용의 결과로 이해해야 한다고 생각하며, 이 결과의 원인을 찾다가 내가 다시 관찰할 수 있는 바람에서 그 원인을 발견한다. 《자유의 철학》에서 개념과 지각의 구분이 이루어지는 방식은 대단히 주목할 만하다. 나의 관여 없이 내 지각 지평에 들어오는 모든 것, 그러니까 감정, 관념, 표상도 지각이다. 나는 나의 개입에 의해서 이루어질 때만 어떤 개념이나 관념에 대해 말할 수 있다. 따라서 관념과 지각의 유일한 차이는 나 자신이 인식하는 사람으로서 활동하는지 그렇지 않은지, 아리스토텔레스 식으로 표현하자면, 내가 행동하는지, 아니면 행동을 참는지의 여부이다. 저음에는 우리를 무척 놀라게 하는 이 구분은 깊이 생각해볼수록 근본적인 것으로, 적어도 앞에서 언급한 예외 상태만큼 근본적인 것으로 드러난다. 지각만이 아니라 개념도 그 자체로 명확하게 구분되는 것이 아니며, 나 자신이 인식하는 자로서 나의 활동이나 활동하지 않는 것을 통해서 무엇이 개념인지 지각인지 결정한다. 따라서 개념과 지각의 구분은 개념과 지각의 내용과는 무관하게 이루어진다. 그렇다면 그것은 주관적인 것이 아닌가? 물론 이 구분은 주관적으로 이루어져야 하는데, 나 자신이 인식 주체로서 개념과 지각의 분열을 야기했고, 따라서 이를 적절하게 판단하고 다시 폐기할 수 있는 사람도 나 자신이 유일하기 때문이다. 또한 개념과 지각의 구별은 그 내용과는 무관하게 이루어지고, 그래서 초감각적 지각에도 통용되는 인식 개념이 획득된다. 감각적이든 초감각적이든, 관념이든 표상이든, 처음 나타날 때 우리에게 지각으로 주어진 사고 자체든, 모든 지각은 전체 인식의 절반일 뿐이며, 적합한 개념을 통해서 비로소 이해될 수밖에 없다.

그러니까 관념이나 개념은 우리 스스로 만들어내는 것이고, 지각은 우리의 개입 없이 존재한다. 이 대립 관계에는 위험도 놓여 있다. 단순한 사고는 추상적인 상념이 될 수 있는데, 이때 루시퍼가 인간에게 다가온다. 단순한 응시, 권위에 대한 수동적인 복종과 경청에는 아리만적 요소가 있다. 이처럼 루돌프 슈타이너는 1913년 "사고의 루시퍼적 요소"와 "지각의 아리만적 요소"에 대해 말했다.[99] 이와 관련해서 예외 상태를 다시 한번 살펴보면 다음과 같은 결과가 나온다. 즉, 사고의 관찰에서는 지각과 개념이 일치하며, 이로써 아리만과 루시퍼는 둘 사이를 조정하는 그리스도가 사고의 관찰에 작용하는 방식으로 조화를 이루게 된다. 따라서 사고 속에서 이루어지는 자유 체험은 그리스도 체험으로 상승된다. 이로써 우리는 사도 바울로의 의미에서 두 번째 아담을 구성하는 본질을 알게 된다.

루돌프 슈타이너는 연속 강연에서 철학으로는 아버지인 신에게만 도달할 뿐 그리스도에는 도달할 수 없다고 거듭 강조했다.[100] 그러나 이는 《자유의 철학》에는 해당하지 않는다. 《자유의 철학》은

루돌프 슈타이너의 목각상 "인류의 대표상"

예외 상태를 발견함으로써 2000년 이상 이어온 철학적 발달을 그 근원으로 이끌었을 뿐만 아니라, 이전부터 최고의 철학자들이 열망했던 것에 도달했다. 이미 토마스 아퀴나스도 다음과 같은 물음으로 그의 저서를 끝맺어야 했다. "그리스도론을 어떻게 사고 안으로 들여놓을까? 어떻게 하면 사고를 그리스도교적인 것으로 만들게 될까? 이 물음은 토마스 아퀴나스가 1274년 3월 7일에 세상을 떠난 순간에 세계사에 등장한다. 그 순간까지 그는 이 물음에 도달할 수 있었을 뿐이다. 이는 유럽의 정신 문화에 놓여 있는 아주 간절한 물음이다."[101] 루돌프 슈타이너가 사고의 관찰에서 개념과 지각의 일치라는 예외적 상태의 중요성을 발견함으로써 토마스 아퀴나스의 물음에 대한 답변이 주어졌고, 사고에서 그리스도의 순간이 발견되었으며, 이로써 전체 철학은 아버지인 신의 영역에서 그리스도의 영역으로 한 걸음 더 끌어올려졌다.

죽음과 부활

우리의 일상적인 의식에 외부 세계와 내부 세계, 자연과 인간은 각각 반쪽으로 주어졌으며, 우리는 그것을 파악하여 하나의 전체로 결합시켜야 한다. 우리가 순수한 지각을 철학적 경계 개념으로 파악할 수 있고 이 지각이 전체의 절반이라는 점을 정확히 인식한다면, 그것만으로도 이미 많은 것을 얻었다고 할 수 있다.

전체는 지각과 개념의 종합이다. 우리가 여전히 낙원의 직관적 인식을 가지고 있다면, 외부 세계의 모든 사물에서 개념과 지각을 동시에 얻을 것이고, 인식의 모든 수수께끼는 풀릴 것이다. 그렇지 않고 우리는 사물 앞에 나서서 그 안에서 실제로 작용하는 관념을 빼앗고, 절반만 지각으로 파악한 다음, 그 위에 어느 정도는 완전한 어떤 표상을 씌우는데, 이때 그 진정한 과정은 우리에게 절반만 의식된다.《자유의 철학》에서는 지각하는 동안 지각에서 일어나는 일과 지각되기 전에 지각에 이미 있어야만 하는 것을 정확하게 분석한다. 그것은 개념과 지각으로 구성되는 일원적인 근원 존재의 절반이다. 개념과 지각은 함께일 때 비로소 전체 사물을 구성한다. 신비의 언어로 표현하자면, 우리는 세계 앞에 나서면서 그 근원 존재를 잘게 나누거나 죽인다. "사물을 파악하기 위해 내가 어떻게 조직되어 있는지는 사물의 본질과는 아무 상관이 없다. 지각과 사고 사이의 단절은 내가 사물과 마주하는 순간에만 존재한다."[102] 개념과 지각의 분리는 우리 인식의 출발점인데, 우리는 이 출발점을 관념들로 덮어버리기에 대부분 의식하지 못한다. 그러나《자유의 철학》에서처럼 이 출발점을 의식적으로 바라보면, 루시퍼 자체는 개념으로서, 아리만 자체는 지각으로서 가장 큰 힘을 발휘하며 나타난다. 그것은 낙원의 예외 상태와는 반대로서 죽음과 비교해야만 하는 상태이다. 근대를 거치는 동안 이 인식의 죽음은 문명의 요소가 되었다. 즉, 인식의 한계에 대한 일방적인 주장은 개념이 루시퍼적 특별 존재Sondersein 안에 있다는 데서 연유한다. 또한 감각적 지각에 대한 숭배는 아리만이 이 감각적 지각이 전체인 것처럼 우리를 현혹함으로써 생겨난다.

　　인식이 사고의 루시퍼적 요소와 지각의 아리만적 요소를 결합함으로써 인식의 죽음은 극복되고, 개념과 지각의 본래적인 통일이 인간 정신에서 부활하듯 다시 태어난다. 우리는 우리가 지각과 개념

인류의 대표상의 얼굴

의 분리에 의해서 잃을 수밖에 없었던 그리스도를 인류의 대표라는 의미로 실제 인식에서 다시 발견한다. 어떤 인식이 사실인지 아닌지, 말하자면 인식의 부활이 어느 정도로 성공했는지, 사도 바울로의 말로 표현해서 인식의 수수께끼의 두 번째 아담이 어느 정도 발견되었는지는 개념과 지각이 우리가 예외 상태에서 아는 것처럼 완전하게 서로에 스며들었는지 여부에서 인식할 수 있다. 여기서도 교만이나 그 어떤 불손은 불가능한데, 진정하고 순수한 사고의 직관은 하나의 인식을 정말로 부활이라고 불러도 될 만큼 척도로서 충분히 높은 동시에 충분히 실재적이기 때문이다.

행동과 그리스도의 자극

인식에서와 마찬가지로 우리는 행동에서도 추동력과 동기라는 두 가지 측면을 구분해야 한다. 우리 행동의 전형적인 추동력은 순전한 충동이라고 부르는 것으로, 예를 들면 갈증, 배고픔, 성적 충동 같은 것이다. 이때 우리는 어떤 지각을 직접 행동으로 옮긴다. 이 영역에서 우리는 자유롭지 않다. 긍지나 연민 같은 감정을 행동으로 옮길 때도 우리는 자유롭지 않다. 미리 형성된 모든 사고도 자유로운 추동력은 아니다. 사고의 관찰에서 주어진 직관만이 추동력으로서 자유롭다. 따라서 우리 의지의 추동력은 자유가 전혀 없는 지각의 영역에서 시작하여 단계적으로 직관까지 정화될 수 있으며, 거기서 자유에 도달할 수 있다.

우리 의지의 동기는 표상과 관념들이다. 나는 정상에서 멀리 내다보이는 경치가 얼마나 아름다울지 상상하고 실제로 그 경치를 볼 때까지 이 동기의 실현을 위해서 노력한다. 동기는 실현에 앞서고, 행동에 앞서 간다. 이를 통해 우리는 합목적적으로 행동할 수 있다. 우리는 우리 자신의 안녕을 염두에 둔 동기를 이기적인 동기라고 부른다. 이기적인 동기는 자유롭지 않지만, 우리는 그것이 관념으로서 직관의 영역, 즉 사랑과 이타심의 영역에 도달할 때까지 정화할 수 있다. 직관에서 동기와 추동력은 예외 상태에서 개념과 지각의 경우와 비슷한 방식으로 하나가 된다. 직관에서 비롯되는 행동은 자유로운 행위이다. 자유로운 행위는 사랑에서 비롯되는 행위이다.

　루시퍼와 아리만은 동기와 추동력도 자신들의 목적에 이용한다. 우리의 충동이 감각적인 것에 뿌리를 두고 있는 한, 모든 추동력은 아리만적인 것을 갖는 반면에 동기의 표상적 성격은 루시퍼적이다. 아리만이 앞서 가고 루시퍼는 뒤에서 절뚝거리며 간다. 이런 점에서 어느 동기를 서둘러 앞서가는 것은 아리만적이고, 감각적 쾌락의 기분 좋음, 편안함은 루시퍼적이다. 따라서 여기서 단 두 개의 예로 제시된 바와 같이 우리의 동기와 추동력 모두에는 루시퍼적-아리만적인 것이 다양한 방식으로 스며들어 있다. 우리의 추동력과 동기가 직관에 이르기까지 정화된다면, 루시퍼와 아리만은 거기서 사라진다. 또는 다르게 말해서 루시퍼와 아리만은 자신들 사이로 인류의 대표자가 나타날 수 있도록 서로 마주 선다. 행동에서의 자유는 루시퍼와 아리만으로부터의 자유를 의미한다. 따라서 자유로운 행위는 나쁠 수가 없는데, 루시퍼와 아리만을 극복했기 때문이다. 이런 의미에서 윤리적 개인주의는 "인간 안에 있는 그리스도의 자극 위에 세워졌다."[103] 한 인간의 자유로운 행위는 사도 바울로가 "내가 아니라 내 안에 계신 그리스도"(갈라티아서 2장 20절)라고 이야기하는 지점에 도달했다. 이에 따르면 우리 행위의 대부분은 아직 자유롭지 않지만, 그렇게 될 수 있다.

《자유의 철학》과 인지학

인지학에서 직관은 상상과 영감에 이어 도달할 수 있는 가장 높은 인식 단계를 의미한다. 그렇다면《자유의 철학》에서 말하는 직관은 고차적 세계를 인식하는 직관과 같은 것일까?

루돌프 슈타이너는 이 물음을 자세하게 언급하면서, 그렇다고 대답했다. 한편의 대상적 인식과 다른 한편의 도덕적 직관은 "오늘날 이 세계 시기에 서 있는 인간의 두 극이며, 그 둘 사이에는 상상과 영감이 놓여 있다."[104]《자유의 철학》은 모든 인간이 대상적 인식과 적어도 하나의 직관, 즉 자아의 직관을 가지고 있다고 본다. 이 둘 사이에 상상과 영감이 삽입됨으로써 인지학에서 이 직관은 우주로 확장된다. 이를 통해 감각적 지각은 초감각적 지각이 된다.

도덕적 직관:	자아	직관
↕	아스트랄체	영감
	에테르체	상상
대상적 인식:	물질체	대상적 인식

사람들은 보통《자유의 철학》이 인지학의 기초라고 생각한다. 그러나 이 건축학적 비유는 반만 맞는다고 할 수 있다.《자유의 철학》은 인지학의 기초이자 지붕이고, 인지학은 그 사이로 기둥, 메토

프, 트리글리프를 끼워 넣기 때문이다. 음악적으로 말하자면,《자유의 철학》은 1도 음과 8도 음을 포함하는 반면에 인지학은 전체 음계를 가로지른다. 이로써《자유의 철학》에서나 인지학에서나 직관은 질적으로 똑같다는 것이 명백해진다. 슈타이너의 저서《자유의 철학》이 가진 포괄적이고 중요한 의미도 분명해진다. 직관을 이해한 사람은 사도 바울로과 마찬가지로 "임박한 기대"를 말하는 경향이 있는데, 그는 이 직관 속에서 "한 끝에서의 세계적 사건"을 파악하고, 그와 함께 그리스도가 말하는 최후의 날의 특성에 도달했기 때문이다.

루돌프 슈타이너도 같은 맥락에서[105) 자유로운 행위의 우주적 의미에 대해 말한다. 즉, 자유로운 행위는 자연의 인과성을 부수고 이겨낸다. 자유로이 행동하는 인간은 사랑의 도덕적 우주를 창조할 새로운 물질을 창조하는 반면, 옛 우주는 열죽음Wärmetod을 향해 다가갈 것이다. 이로써 자유로운 인간은 그리스도교에서 "최후의 날의 천상 예루살렘"이라고 말하는 것을 함께 창조한다.

5.
루돌프 슈타이너의 정신세계 입문

    입문의 단계는 인지학의 기본 저술들에 설명되어 있다. 루돌프 슈타이너는 《내 인생의 발자취》 22장부터 26장까지에서 자기 삶에서 보낸 시련기와 영혼생활에서 일어난 변화에 대해 보고했다. 그리고 이제 이 둘을 서로 비교하면, 루돌프 슈타이너의 입문이라고 부를 수 있는 것에 대한 자세한 설명이 나온다.

    루돌프 슈타이너의 입문처럼 핵심적인 모티프는 매우 다양한 관점에서 관찰되어야 한다. 발터 뷜러는 태양 입문자로서의 루돌프 슈타이너에 대해 썼고[106], 세르게이 프로코피에프는 루돌프 슈타이너의 입문 과정에 대한 광범위한 연구 결과를 내놓았다.[107] 우리는 크리스토프 린덴베르크[108]가 슈타이너의 전기에 익미 있게 배치한 스승과의 만남들도 알고 있다. 여기서는 루돌프 슈타이너의 입문에 대해서 우리가 슈타이너 자신을 통해서 알 수 있는 내용만 전하고자 한다.

문지방의 작은 수호자 또는 도펠갱어

입문 후보자는 먼저 문지방의 작은 수호자를 만나야 하고 그 다음에 문지방의 큰 수호자를 만나야 한다. 문지방의 작은 수호자는 수련자의 영적인 자기 인식의 결과이다. 그는 수련자가 자기 외부에서 정신적으로 바라보는 독립적인 존재이다. 그는 세 부분으로 나뉜 존재로 나타난다. 우리는 신화에서 그에 대한 다양한 언급을 발견한다. 예를 들어 오이디푸스는 스핑크스 앞에 섰다. 스핑크스는 황소, 사자, 독수리가 혼합된 존재이며 인간의 특징도 지니고 있다. 노르웨이의 전설 속 인물 올라프 오스테손은 그의 이름을 딴 시 〈올라프 오스테손의 꿈의 노래〉에서 지하 세계의 얄라르 다리에서 세 마리 동물 황소, 개, 뱀을 만난다. 단테의 《신곡》 첫 번째 노래에서 통찰자는 표범, 사자, 암늑대를 만난다. 괴테아눔 건물의 붉은 창문에도 측면 날개에 이 세 동물이 묘사되어 있다.

현대 입문학의 언어에서 이 세 동물은 정신 수련자의 사고, 감정, 의지가 서로 분리되었을 때 입문이 일어난다는 것을 의미한다. 이 영혼의 세 가지 힘은 이제 수련자에 의해서 통제되어야 할 독립적인 존재가 된다. 이 세 가지 영혼의 힘은 각각 입문에서 생길 수 있는 세 가지 위험을 보여준다. 사고가 독립하여 일상을 두루 관통하면 수련자는 그의 이웃들에게는 더 이상 아무런 관심을 갖지 않는 차갑고, 영혼이 없고, 독단적인 지혜 추구에 이를 수 있다. 감정에서 같은 일이 일어나면 열광이나 사이비 종파가 나타날 수 있다. 의지가 영혼의 다른 구성 부분을 압도하면 폭력적인 인간성이나 정치적 선동의 경향이 나타난다. 실제 입문에서는 세 동물의 상징 속에서

괴테아눔 건물의 붉은 창

이 위험이 인식되고 이를 통해 극복된다.

　문지방의 작은 수호자는 독립적인 존재이다. 그는 정신 수련자의 도펠갱어로 불리기도 하는데, 그런 존재를 반영하는 거울상이기 때문이다. 정신 수련자에게는 자신이 한 정신적 존재 자체의 기원이 되었다는 것을 처음으로 느끼는 것이 매우 의미 깊은 체험이다. 이 부분에서 우리는 이제 루돌프 슈타이너가 자서전에서 쓴 내용으로 넘어갈 수 있다.

　그는 자신이 35세에 체험한 영혼의 힘의 깊고 강렬한 변화에 대해 이야기한다. 명상이 그의 삶에 꼭 필요한 일이 된 것은 그때부터였다. 그리고 이 새로운 종류의 명상이 어떤 내용이었는지는 우리도 안다. "삶을 위한 그런 내적-정신적 필요에 의해 명상을 실행하는 가운데, 물질의 유기체에서 완전히 떨어져 나와서 정신적인 영역에서 살아가고, 지각하고, 움직일 수 있는 '내적-정신적 인간'에 관한 의식이 점점 더 발전해 간다. 이렇듯 그 자체로 독립적이고 정신적인 인간이 명상의 영향으로 나의 경험 안에 등장했으며, 이를 통해서 정신적인 것에 대한 체험이 크게 심화되었다."[109] 루돌프 슈타이너가 명상하면서 체험한 이 '내적이고, 독립적이고, 정신적인 인간'은 누구였을까?

문지방에서의 사고

　이 근본적인 변화가 일어났을 때 루돌프 슈타이너는 35~36세였고, 《자유의 철학》은 몇 년 전에 출간된 상태였다. 그는 세 번째 장에서 사고를 자기 철학의 핵심이라고 일컫는다. 그리고 자신이 생

루돌프 슈타이너, 1896년 바이마르

각한 대로 일원론을 사유일원론Gedanken-Monismus이라고 정확하게 규정한다. 거기에 맞게 그는 자신의 영혼이 근본적인 전환을 겪기 전에는 정신적으로 파악될 수 있는 큰 과학적 맥락을 얻는 데 어려움이 없었지만, 감각적 지각 대상들에 대해서, 특히 그것을 기억에 유지하는 일에서는 굉장히 큰 어려움을 겪었다고 서술한다. 그런데 근본적인 전환으로 인해서 그것이 달라졌다. 이전과는 달리 감각적으로 지각할 수 있는 것에 대한 관심이 깨어난 것이다. 슈타이너는 사고가 감각세계로 뭔가를 들여놓지 않는 상태에서 감각세계를 아는 것을 이상적으로 보았다. 그것은 정신세계와 감각세계를 서로 완전히 분리하여 각 세계 자체만을 파악함으로써 가능했다. 근본적인 전환 이전의 시기와 비교했을 때, 사고는 물러나고 감각적 지각은 두드러졌다. 영혼적으로 말하자면, 루돌프 슈타이너는 자신의 영혼 요소들 중에서 가장 잘 형성된 사고를 포기했다. 감각적 지각을 완전히 처음부터 다시 시작하기 위해서 사고를 희생한 것이다. 이를 통해서 그가 젊었을 때부터 가지고 있었던 정신적 지각 능력은 더 심화되고 견고해졌다. 지금까지 거의 모든 인식 작업을 사실상 홀로 수행했던 그의 사고가 이제는 완전히 분리되었고, 의식적으로 다루어지는 세 가지 인식 영역으로, 즉 감각적 지각, 사고, 초감각적 지각으로 나뉘었다고도 말할 수 있다. 이로써 최고 수준의 인식적 확실성을 획득했는데, 각 영역이 그때그때 다른 영역을 통제하며 사용할 수 있게 되었기 때문이다.

따라서 슈타이너가 자서전에서 언급한 사고에서 지각으로의 전환은 입문의 언어로 표현하자면, 문지방의 작은 수호자가 하는 사고 부분이다. 슈타이너라는 개별의 경우에서 동물적이거나 유령 같은 특징이 있었는지 우리는 알지 못하지만,《어떻게 고차적 세계의 인식에 도달할 것인가?》에서 설명된 것처럼 조화롭게 준비된 입문은 존재한다.

인간과 세계 사이의 심연에서 얻는 감정

감정에 있어서도 루돌프 슈타이너는 세계를 사유적으로 파악하는 것에서 멀어졌다. 그는 스스로에게 세계의 수수께끼는 사고로는 풀리지 않는다고 말할 수밖에 없었다. 세계 안에 있는 신비스러운 것을 체험하는 일에 대한 집중적인 몰두가 그의 감정생활로 파고들었다. 인간뿐만 아니라 전체 세계가 하나의 수수께끼, 근본적으로 세계라는 수수께끼이고, 인간 자신은 그 해답이다. 이 감정의 영역에서도 그의 영혼생활은 객관적이고, 순수하며, 탁하지 않은 감각의 관찰에 전념함으로써 깊어졌다. "감각세계의 온전한 실체에 대해서 생각하는 것이 아니라, 감각적으로 그것을 주시하자마자, 수수께끼가 현실이 되어 나타났다. 그리고 그 해답은 바로 사람 속에 담겨 있다."[110]

철저하게 감정의 이 영역에서 창조된 저작이《인지학 영혼달력》이다. 서문에는 이 저서기 감정을 통한 지기 인식을 염두에 두었다는 점이 명확하게 언급된다. 자연의 분위기는 인간의 영혼과 공명하기 때문이다. 52개의 서로 다른 세계의 수수께끼는 인간 영혼의 52가지 분위기에서도 느껴진다. 이런 식으로 영혼은 자신과 바깥에 존재하는 자연 세계 사이의 심연을 극복할 수 있다. 그러나 인간과 자연 사이의 심연은 수호자가 서 있는 문지방이다.

그러니까 문지방 수호자의 감정 부분은, 자서전에서 세계의 신비스러운 것을 체험하는 일에 대한 집중적인 몰두가 루돌프 슈타이너의 감정생활로 파고든 방식으로 나타난다. 세계라는 수수께끼가 그 해답을 인간 안에서 찾으면서, 감정은 심연을 넘는 다리, 정신세계로 들어가는 길이 되었다.

정신적 인식을 떠맡은 의지

마지막으로 루돌프 슈타이너는 방금 관찰한 것과의 연관 속에서만 이해할 수 있는 것을 이야기한다. 그의 이전 삶에서의 관념적인 것은 물러났고, 의지적인 것이 그 자리를 대신했다. 관념적인 것이 줄어드는 만큼 의지는 커졌다. 이전에는 거의 전적으로 관념적인 것에 의해서 수행된 정신적 인식을 의지가 떠맡았다. 슈타이너는 이 부분에서 이제 더 이상 감각세계의 지각에 대해 별도로 말하지 않는데, 감정에서 명확하게, 사고에서는 더 명확하게 감각세계에서의 지각이 근본적인 영혼 변화의 표현이라고 언급했던 것과는 다르게 말이다. 이는 이 행동에서는 의지와 감각이 정신적 영역에서 하나로 합쳐지기 때문이다. 우리의 신체적 감각(즉, 12감각)은 정신적으로 보았을 때 의지적 성질의 것이라고 말하는 진술이 많다.[111] 신체적 감각에서 의지적으로 인식할 수 있는 사람에게는 신체적 지각이 정신적으로 명확하다.

문지방의 작은 수호자의 사고 부분에서는 영혼의 변화에 의해서 사고, 감각적인 지각, 초감각적인 지각의 근본적인 분리가 일어난 반면, 의지 부분에서는 정반대의 일이 일어났다. 여기서는 감각적 지각과 정신적 지각이 하나로 합쳐진 것이다. 이로써 문지방의 작은 수호자는 루돌프 슈타이너의 자서전에서 다음의 정신 형태 속에서 우리 앞에 놓여 있다. 즉, 사고에서는 인식의 요소들을 날카롭게 분리하고, 의지에서는 그 요소들을 하나로 통합시키고, 감정에서는 정신세계로 들어가는 다리를 놓는 형태로 말이다. 이것이 그 "물질의 유기체에서 완전히 떨어져 나와서 정신적인 영역에서 살아가고, 지각하고, 움직일 수 있는 '내적-정신적 인간'에 관한 의식이 점점 더 발전해간다. 이렇듯 그 자체로 독립적이고 정신적인 인간이 명상의 영향으로 나의 경험 안에 등장했으며, ..."[112]

상상, 영감, 직관

이제 고차적 인식의 단계는 일종의 역방향 검토처럼 지금까지의 우리 사고 요소에 적용되어야 한다. 루돌프 슈타이너는 자기 영혼의 구성요소 중에서 가장 뛰어나고 가장 성숙한 것, 즉 자신의 사고를 문지방에서 희생했다. 이 희생은 입문의 다른 과정들과 비교할 만하다. 원칙적으로 상상에서 영감으로 넘어가는 과정에서도 비슷한 포기가 이루어져야 한다. 수련자가 "많은 노력으로" 상상으로서의 고차적 지각에 "마침내" 도달했다면, 그는 다음 단계에 도달하기 위해서 그것을 다시 억제해야 한다. 상상과 사고의 이 비교는 상상적 인식이 우리의 변화되고 정신화된 사고를 보여주는 것과도 일치한다.[113]

영감적으로 통찰하는 사람은 이미 정신세계를 읽고 이해할 수 있는 반면, 상상적인 통찰로는 정신세계의 존재를 알지만, 기껏해야 한 자 한 자 힘들게 판독할 수 있을 뿐이다. 영감적으로 인식하는 사람은 다양한 상상을 마치 음정처럼 들을 수 있고, 따라서 이해할 수 있다. 세계의 수수께끼는 하나의 음이고 인간의 해답은 다른 음이다. 그 둘을 함께 듣는 사람은 영감적으로 인식할 수 있다. 따라서 슈타이너의 자서전에서 언급된 것 같은 수수께끼의 체험은 고차적 인식 단계의 관점에서는 영감과 동일하다. 이 연관성은 영감적으로 보는 것이 우리의 변화된 감정이라는 점을 통해서도 확인된다.[114]

직관에서는 정신적으로 인식하는 사람이 정신세계와 하나로 융합된다. 그래서 직관은 정신적 인식의 가장 높고 가장 확실한 형태이다. 직관은 변화된 의지이다.[115] 따라서 루돌프 슈타이너가 자서전에서 의지가 정신적 인식을 떠맡는다고 말한 것은 직관적 인식 방법을 직접적으로 언급한 것이다. 앞에 문지방의 작은 수호자의 의지 부분에서 설명한 것처럼, 감각적 지각과 초감각적 지각의 일치도 인식하는 사람과 인식된 것이 직접 융합한다고 설명되는 직관의 경우와 동일하다.

문지방의 큰 수호자

이를 배경으로 한다면, 루돌프 슈타이너가 《내 인생의 발자취》 26장 마지막에 언급한 그리스도 고백이 어떤 의미를 가졌는지 분명해진다. 22장에서 자기 삶의 근본적인 변화를 언급하는 세 부분으로 구성된 이야기가 문지방의 작은 수호자를 유기체로부터 독립된 정신적 인간으로 기술하고, 그 존재가 정신세계에서 자리잡고 있다는 것을 묘사했다면, 그 다음에는 문지방의 큰 수호자를 만나는 일이 일어난다. 26장의 마지막 부분에서 특히 가슴을 울리는 말로 이야기하는 것처럼 말이다.《비밀학 개요》에서는 문지방의 큰 수호자가 정신 수련자의 눈에 서서히 그리스도 형상에 대한 지각으로 변화하는 것이 나타난다. 모든 입문과 마찬가지로 루돌프 슈타이너의 입문도 문지방의 작은 수호자의 자기 인식에서 큰 수호자의 그리스도 인식으로 이어졌다. 루돌프 슈타이너가 자서전에서 골고타 신비와의 만남을 묘사한 유명하고 자주 인용되는 구절은 입문의 관점에서 문지방의 작은 수호자와의 만남인 영혼의 격변과 비교되어야 한다. 그리고 루돌프 슈타이너는 자신의 입문에 대해 매우 상세하게 설명한다.

　　루돌프 슈타이너는 자서전에서 1897년부터 1902년까지 지속된 그의 시련기에 대해 쓰고 있다. 원칙적으로 말해서 이 시련기는 문지방의 작은 수호자를 인지하는 것으로 시작해서 문지방의 큰 수호자를 인식하는 것으로 끝난다. 의지에서 태어나 새로 획득된 인식은 감각세계를 정신적으로 꿰뚫어볼 수 있었고, 감각세계의 가장 중요한 지각 중 하나로서 문턱의 큰 수호자를 인식할 수 있었다. 문턱의 큰 수호자를 인식하고 올바르게 해석했을 때 시련기는 끝났다. 달리 말해서 시련을 이겨낸 것이다. 그렇게 해서 골고타의 신비가 정신적으로 루돌프 슈타이너의 영혼 앞에 놓였다. 오늘날 인간의 신체적 감각 앞에 감각세계가 놓여 있는 것처럼 말이다.

　　그리스도는 골고타의 신비를 통해 우리 지상의 신체적 감각세계와 결합되었고, 이를 통해 지상의 신체적 감각을 환히 비추는 정신성에 의해서만 인식될 수 있었다. 이는 루돌프 슈타이너의 의지가 정신적 인식을 떠맡았기 때문에 가능했다. 골고타의 신비 이후 신비는 의지의 신비, 즉 묵시록의 신비[116]라고도 할 수 있다. 그래서 루돌프 슈타이너도 의지가 담긴 사지 체계에서 빌려온 "일어섰다"라는 단어를 사용하여 문지방의 큰 수호자에 대한 자신의 경험을 전달한다. "내 영혼의 발달에서는 가장 내면적이고 가장 진지한 인식의 축제 속에서 골고타의 신비 앞에 정신적으로 일어선 것이 중요했다."[117] 의지가 떠맡은 이 인식이 직관이었다. 《비밀학 개요》에서는 입문의 길에서 직관을 통해 그리스도가 문지방의 큰 수호자임을 인식해야 한다는 점이 분명히 드러난다. 직관은 결국 사랑과 동일한데,[118] 직관적 인식에서는 인식하는 사람이 인식된 것과 하나로 융합되기 때문이다. 이로써 그 길은 영혼적으로도 그리스도교의 중심에 도달했다.

모순인가, 발달인가?

루돌프 슈타이너는 자신의 발달에 대해 반복적으로 입장을 표명했다. 1901년 초, 《근대 정신생활 출현기의 신비주의》서문에서 이미 다음과 같이 썼다. "선입견 없이 나의 관념 세계로 들어가지 않는 사람은 그 안에서 온통 모순만 발견할 것이다."[119] 그는 이와 관련해서 신비주의에 관한 이 저서의 외견상의 모순을 《19세기의 세계관과 인생관》(나중의 제목은 《철학의 수수께끼》)에서 설명하는데, 그가 얼마 전에 집필해 에른스트 해켈에게 헌정한 책이다. 그 다음으로 1909년의 강연집 《새로운 미학의 아버지인 괴테》2판 서문에서 그는 자신의 세계관이 이 괴테 강연집 초판이 출간된 1880년대이후 변하지 않았다고 밝힌다. 1914년에 나온 《철학의 수수께끼》서문에서는, 그의 견해에서 억지로 모순을 만들려는 사람들에게 그들이 실제로 그에게 요구하는 것이 사고를 관찰할 때는 항상 똑같은 것을 반복해야 한다고 말하는 것이라며 반박한다. 또 1917년에는 앞서 언급된 "모순 낚시꾼들"의 언어적 광신을 비난했고, 같은 맥락에서 "내 세계관의 반대자들"과 그들의 "악의적인 체계"에 대해 이야기한다.[120] 슈타이너는 1918년《괴테의 세계관》2판 후기에서 그의 세계관에서 모순을 만들어내는 것에 대해 매우 상세하게 썼고, 구체적인 예(플라톤주의에 대한 두 가지 다른 진술)를 들어 여기에 실제적인 모순은 전혀 없고, 단순한 단어의 울림에 매달리는 사람만이 모순에 대해 말할 수 있다고 설명한다. 1923년《철학의 수수께끼》 서문에서도 슈타이너는 다시 한번 자신의 세계관의 발달 과정에서 모순을 찾으려는 사람들을 거론한다. 그러면서 이러한 비난은 대부분 "진리 추구와는 전혀 다른 것에 근거한다."[121]고 말한다. 그는 왜 초감각적인 것을 대할 때 다양한 관점을 가져야 하는지 설명한다.

정신 연구자가 관념론자와 함께 관념론적으로 생각하고 유물론자와 함께 유물론적으로 생각한다면, 그는 바로 그렇게 함으로써 정신적으로 직관할 수 있는 힘을 끌어낸다. 1923년《괴테 세계관의 인식론적 기초》2판 주석에서는 한 가지 예를 들어 (이번에는 '신비주의'라는 단어에 대해서) 주어진 맥락에 주의하지 않을 때만 모순이 있는 것처럼 생각할 수 있다는 점을 다시 한번 언급한다. 마지막으로 자서전에서 그는 이렇게 말한다. "나는 많은 이들이 믿는 것처럼 모순들을 지닌 채 앞으로 나아가지 않았다. 만일 그랬다면 혼연히 인정했을 것이다. 그러나 나의 정신적인 진행 과정에서 그것은 사실이 아니었다. 나는 영혼 속에 살고 있는 것에다가 새로운 영역을 추가로 찾아냄으로써 앞으로 나아갔다."[122]

첫 번째 괴테아눔 건물의 작은 돔에 그려진 그림 속 그리스도의 얼굴

이 문구들을 여기 이렇게 상세하게 소개한 까닭은 바로 이 문구들에서 루돌프 슈타이너가 자신이 어떻게 이해되기를 원했는지 알 수 있기 때문이다. 이를 주목하는 것은 전기를 연구하는 학문의 내재적-비판적 방법에 해당한다.

예를 들어 그의 니체 책을 자구대로 읽어 그리스도교나 당시의 제도 교회, 또는 내세론에 반대하는 구절을 가져온 다음, 이 구절을 나중에 그의 그리스도교 옹호와 나란히 놓고는 결론적으로 루돌프 슈타이너의 견해가 지닌 모순을 이야기하는 것은 어렵지 않다. 또는 긍정적으로 표현하려 한다면 루돌프 슈타이너의 삶에서 사도 바울로의 회심에 대해 이야기할 수도 있다. 내가 알기로 처음으로 루돌프 슈타이너의 삶을 이런 의미에서 사도 바울로와 비교한 사람은 에밀 보크였다.[123] 에밀 보크 이후 많은 추종자를 얻은 그런 해석에서 본다면, 루돌프 슈타이너가 초기 저서에서 언급한 내용은 어느 정도 "사울적"이라면, 후기의 내용은 "바울로적"으로 여겨질 것이다.

모순을 언급하는 이 모든 사고의 핵심 문제는 이미 《자유의 철학》에서 읽어낼 수 있다. 이 책도 가령 자구에 따라서는 그리스도교에 반대하는 구절을 다수 포함하고 있다. 루돌프 슈타이너는 나중에 자신의 《자유의 철학》은 그리스도 자극을 바탕으로 한 것이고[124] 사도 바울로의 인식론[125]으로 간주되어야 한다고 말한다. 모순을 찾아내는 모든 사람들의 주된 문제를 한 가지 구체적인 예를 들어 말하자면 다음과 같다. 루돌프 슈타이너는 왜 사도 바울로와 그리스도에 대해 《자유의 철학》에서부터 이미 훗날의 연속 강연들처럼 말하지 않았나? 이렇게 묻거나 암묵적으로 이런 물음을 전제하는 사람은 발달이라는 관념을 이해하지 못한 것이다.

루돌프 슈타이너를 이해하려는 사람은 발달 관념에 대해 단어를 비교하는 어문학적으로만 생각할 것이 아니라 자연과학적으로도 생각할 수 있어야 한다.

발달이란 언제나 이전에는 없던 정말로 새로운 어떤 것이 다음 단계에서 생겨나는 현상을 의미한다. 유대류有袋類를 보면서 원원류原猿類를 예측할 수는 없으며, 원원류가 유대류 발달의 목적도 아니다. 그러나 원원류가 일단 생겨났다면, 돌이켜보아 그것과 유대류의 유사성을 확인할 수 있고 합법칙적인 발달을 인식할 수 있다. 루돌프 슈타이너의 경우도 마찬가지였다. 《자유의 철학》을 읽으면서 훗날의 인지학을 예측할 수는 없다. 인지학은 루돌프 슈타이너의 문학에서 초기 저술의 목적도 아니었다. 그 때문에 《자유의 철학》을 썼을 때, 그는 자신이 사도 바울로의 인식론을 썼다는 사실을 알지 못했다. 인지학이 나온 뒤에야 돌아보면서 그 점을 깨달은 것이다. 이러한 전제 하에서 그리스도교의 내세론에 대한 젊은 슈타이너의 모든 비판적 발언은 내용적으로 이해할 수 있으며, 인지학과도 전혀 모순되지 않는다.[126] 인지학이 마치 끼워 넣어진 것처럼 초기 저작에서 아주 조금만 발견되었다면, 모순을 비판하는 사람들은 결코 그런 말을 하지 않았을 것이다. 인지학은 그전에도 그렇지 않았고, 지금도 그렇지 않다. 초기 저작부터 완전히 합법칙적이고 일직선으로 발달해 온 진정으로 새로운 형성이었던 것이다.

6.

그리스도교로 가는 두 가지 다른 길

루돌프 슈타이너의 그리스도로 향하는 사고의 길

루돌프 슈타이너의 철학적-문학적 활동에서 일관된 특징은 다른 사상가들을 자세하고 다양하게 다루었다는 것이다. 괴테에 대해서는 별도로 설명할 필요가 없다. 막스 슈티르너, 에두아르트 폰 하르트만, 프리드리히 니체, 에른스트 해켈과 같은 여러 사상가들에 대해서도 마찬가지이다. 이러한 특징은 그의 철학적-문학적 시기의 마지막에 나온 저서로, 모든 관점을 그 자체로부터 발언하게 한《19세기의 세계관과 인생관》에서 절정을 이룬다. 1900년에 두 부분으로 나뉘어 출간된 이 책은 나중에 확장되어《철학의 수수께끼》라는 제목을 새로 얻었다. [127] 슈타이너에게는 대립적인 사고에서도 선입견 없이 그 안으로 침잠하는 것이 중요했다. "따라서 이 책에서는 가령 셸링의 견해도 단호한 반대자가 말하고 있다는 사실조차 알아차리지 못하는 방식으로 표현된다."[128] 슈타이너는 뚜렷하게 형성된 자신의 세계관이 다른 사람의 사고에 대한 시선을 흐리게 하는 것이 아니라 오히려 더 날카롭게 했다고 느낀다. "어떤 사람들은 자신의 사유 세계를 최대한 지울 때 매우 객관적이고 역사적으로 충실한 묘사가 이루어진다고 생각한다. 나는 그렇게 생각하지 않는다. 나는 자신의 사고야말로 다른 사람의 생각을 온전히 이해할 수 있게 해준다고 믿는다."[129] 그 결과 서로 다른 세계관들을 매우 충실하게 이해하게 되었는데, 이는 다양한 사상가들이 사람들에게 바라던 바로 그대로였다. 슈타이너는 다른 철학자들을 평가하지 않고, 그들이 원했던 것을 기술하고 그들을 서로 비교했다. 그에 따르면 해켈은 19세기 말의 정신생활에서 피히테가 19세기 초에 얻었던 것과 비슷한 위치에 오른다.[130] 19세기 초는 이상주의적이고 개인주의적이었던 반면, 19세기 말은 현실주의적이고 사회학적이었다.[131] 그런 비교에서는 내용상의 정확성이 바로 드러나지 않고 감춰져 있는 것이 전혀 없을 것이다! "피히테는 모든 것을 자아성Ichheit으로 들여놓았고, 셸링은 자아성을 모든 것 위로 확장시켰다."라는 말에서는 전체 세계가 드러난다. "헤겔에게서 모든 사물과 과정은 이성에 의해서 생성되었기 때문에 이성적이며, 쇼펜하우어에게서 모든 것은 비이성적 의지에 의해서 생겨났기 때문에 비이성적이다."[132] "헤겔은 자연이 정신에서 나온다고 설명하고, 해켈은 자연에서 정신을 도출한다."[133] 이렇게 비교하는 방법을 통해서 각 세계관에 완전히 정당해질 뿐만 아니라, 이러한 비교 속에는 인간의 사고 가능성의 전체 범위도 드러난다.

훗날 슈타이너는 열두 가지의 세계관 뉘앙스, 일곱 가지의 세계관 분위기, 세 가지의 세계관 톤에 대해 말했고,[134] 1900년에 쓴 여기 이 책에서는 훗날의 그런 우주적인 세계관의 관점들을 선취했다. 다른 사람들의 사고를 완전히 이해하고 나서야 자신의 사고가 자신에게 분명해졌기 때문에, 이 사고는 자신의 사고 이상이 되었다. 비유적으로 말하자면 이 사고는 열두 개의 다른 사고를 반영하고 그 자신의 본질 속에서 다른 사고들을 드러낼 수 있는 열세 번째 사고가 되었다. 어떻게 그런 일이 가능했을까?

막스 슈티르너

나는 방금 그 물음에 대해 사상가 막스 슈티르너를 통해 대답하고 싶다. 그는 《유일자와 그의 소유》라는 저서를 통해 자유를 얻기 위해 정말 끝까지 싸웠다. 슈타이너는 그에 대해 다음과 같이 썼다. "이 사람에게서 사고는 그의 가장 잘 익은 열매 중 하나를 익게 했다. 따라서 그는 사고를 통해 진정한 자유에 이를 수 있었다. 인간이 의존하게 된 환상에 맞서 파괴의 싸움을 끝까지 수행할 용기와 힘을 가짐으로써 말이다."[135]

슈티르너는 자신의 주저를 두 부분으로 나누었다. 제1부는 "인간"이고 제2부는 "나"이다. 모든 권위를 차례로 비판적으로 고찰하고, 마지막에는 "모든 것에 무관심한" 소유자만 남긴다. 슈티르너는 그 책을 썼을 때 첫 번째 부분에 마지막 논평을 덧붙이지 않을 수 없다고 보았다. 지금까지 사고 자체를 비판적으로 관찰하는 일을 소홀히 했다는 사실을 깨달았기 때문이다. 그런 다음 그는 루돌프 슈타이너가 《자유의 철학》 3장에서 예외 상태라고 부른 것을 다음과 같은 말로 설명한다. "이 고차적 사유는 사고의 움직임이나 사고 과정 자체, 즉 사고나 비판에 대한 표상으로 표현될 수 있다. 이를 통해 사고의 자유는 실제로 완전해졌고, 정신의 자유는 승리를 거둔다.

개별적인 '이기적' 사고들이 그 독단적 폭력성을 잃었기 때문이다. 자유로운 사고나 비판의 도그마 외에는 아무것도 남지 않았다."[136)

슈티르너는 "기나긴 사고의 밤에 […] 아무 사고 없는 환호의 엄청난 의미"[137)를 말한 다음, 루돌프 슈타이너와의 결정적인 차이를 분명히 드러내는 다음의 결론에 이른다. "이제 마지막으로, 사고 자체를 이기적인 의지의 문제, 유일자의 문제, 단순한 심심풀이나 취미의 문제로 만들고, '마지막 결정적 힘이 되는' 의미를 빼앗는 것, 사고에 대한 이 과소평가와 모독, 사고 없는 자아와 사고에 잠긴 자아의 이 동일시, 어설프지만 진정한 이 '일치', 이것을 비판은 만들어 내지 못하는데, 비판 자체가 사고의 사제일 뿐이고 사고 너머로는 대홍수 이외에는 아무것도 보지 못하기 때문이다."[138)

슈티르너는 여기서 슈타이너가 단순히 사고 없음을 말한 것에 그치지 않고 이른바 이 사고 없음이 변화하고 지각되는 것을 인식한 바로 그 지점에 이르렀다. 예외 상태에서 사고는 지각이 된다. 그런데 슈티르너는 이 상태를 추론적으로는 떠올릴 수 있었지만 실현시키지는 못했고, 어느 정도만 사고할 수 있었을 뿐, 그에게 지각의 의미는 부족했다. 루돌프 슈타이너는 사고하고 지각할 수 있었다. 그렇기 때문에 사고도 넘어섰고, 거기서 슈티르너처럼 대홍수가 아닌 정신세계를 보았다. 루돌프 슈타이너는 신체에서 자유로운 순수한 사고 속에서 사고 활동을 유지할 수 있었고, 그렇게 해서 정신세계의 초감각적 지각을 얻었다.

에른스트 헤켈

　슈티르너의 저서에는 자연에 대한 것은 전혀 없고, 인간과 역사와 사회만이 중요하다. 반면에 헤켈에게서는 자연과 자연의 지각이 중요한 문제이다. 인간은 모든 요소에서 자신을 둘러싼 자연과 비교된다. 그러면 인간의 척추동물 본성, 사지동물 본성, 포유동물 본성, 태반동물 본성 등 모든 것이 눈앞에 보인다. 의심은 불가능하다. 루돌프 슈타이너는 인간과 자연의 이러한 유사성에 열광하고, 다윈과 헤켈이 자신들의 이론으로 진화에 대한 설명에서 목적 개념을 제거함으로써 얼마나 큰 업적을 이루었는지 끊임없이 강조한다. 《자유의 철학》의 의미에서 말하자면 다음과 같다. 진화를 이끄는 것은 동물이나 인간 외부의 어떤 무언가가 아니라 사물들 속의 사고이다. 모든 존재는 그 타고난 개념과 자신이 존재하고 작용하는 법칙을 가지고 있다. 그리고 인간은 발달하는 이 개념, 사물들 속에 살아있는 이 관념을 인식할 수 있다. 관념이 없다면, 지각은 아무것도 아닐 것이다.

　그러니까 헤켈 같은 사람들이 재능을 펼칠 수 있었던 지각의 측면에서 루돌프 슈타이너는 슈티르너 같은 사상가가 자신의 천재성을 드러낸 예외 상태에서 행했던 것과는 정반대를 행했다. 슈타이너는 예외 상태에서 사고에 지각을 추가했고 이를 통해 자유의 지점을 찾았다. 그는 지각의 측면에서 지각은 진리가 아니라 진리의 첫 절반일 뿐이며, 그 두 번째 절반으로 관념이 포함된다는 점을 인식했다. 따라서 한편으로 사고는 지각을 통해 보완되었고, 다른 한편으로 지각은 사고를 통해 보완되었다. 이로써 우리는 우리 문제의 핵심에 이르렀다.

루돌프 슈타이너의 철학에서 그리스도의 자극

지각과 사고는 인간 인식의 두 기둥이다. 사고는 나 자신의 활동에 토대를 두는 반면, 지각은 나의 관여 없이 존재한다. 나는 사고를 통해서는 쉽게 나 자신에 몰두할 수 있지만, 다른 한편으로 지각세계가 불가항력적으로 나에게 영향을 미치고, 나는 그것을 바꿀 수없다. 처음부터 끝까지 가정 하에서만 쓰인 한 저서는《유일자와 그의 소유》라는 제목을 달고 있으며, 우리는 슈티르너의 이 저서에 등장하는 바와 같은 극단의 일방성과 거의 위험에 가까운 점을 느낄수 있다. 다른 한편으로 헤켈의 접근 방식도 그에 못지않게 일방적이다. 여기서는 지각만이 통용되고, 우리는 그것에 굴복해야 한다. 인간은 물질의 산물이다. 즉, "인류 발생론Anthropogenie"이 그렇다. 이처럼 지각없이 홀로 나타나는 사고 속에는 루시퍼적 요소가 있는 반면, 단순한 지각에는 아리만적 요소가 있다.[139]

《자유의 철학》은 지각과 사고를 우리 정신활동의 핵심 요소들로 올바르게 구별하고 모든 인식의 수수께끼에 대해 서로를 관련시킴으로써 아리만과 루시퍼를 구별하고, 모든 물음에 대해 루시퍼와아리만이 균형을 이루게 한다. 이로써 사고와 지각에 대한 그리스도의 힘이 다시 획득되었고,《자유의 철학》과 슈타이너의 초기 저작전체의 내적 인식인 그리스도교가 제시되었다. 루돌프 슈타이너는그의 세계관이 가진 이 내적 그리스도교 때문에 자신에게 불성실하지 않으면서도 다른 세계관들을 그처럼 사심 없이 다룰 수 있었다.

그는 나중에 그가 그리스도로 향하는 사고의 길이라고 부른 그 길을 걸었다.

"그리스도는 지상의 마지막 날까지 사람들에게 계속해서 자신을 드러내기를 멈추지 않는다. 그래서 오늘날에도 그의 말을 듣고자 하는 사람들에게 말한다. 너희는 너희 형제 중 가장 보잘것없는 자가 생각하는 것을 내가 그 사람 안에서 생각하는 것으로 여겨야 하며, 너희가 다른 사람의 생각을 너희의 생각으로 판단하고 다른 영혼에서 일어나는 일에 사회적 관심을 가질 때, 내가 너희와 함께 느끼는 것으로 여겨야 한다. 너희는 너희 형제 중 가장 보잘것없는 자의 의견으로, 인생관으로 여기는 것에서 나 자신을 찾을 것이다."[140]

《자유의 철학》과 1900년에 쓴 《19세기의 세계관과 인생관》은 루돌프 슈타이너가 "그리스도로 향하는 사고의 길"을 걸었다는 것을 보여준다. 그의 철학의 두 기둥에 토대를 둔 이 그리스도교는 교회의 내세론에 대한 찬성이나 반대를 드러내는 이런저런 말로 논박할 수 있는 것이 아니다. 루돌프 슈타이너는 내세를 제거했고(인식론적 의미에서), 그 때문에 내세의 그리스도에 반대하는 입장 표명이 존재하며, 루돌프 슈타이너가 니체의 《안티크리스트》에 그처럼 열광한 까닭도 그 저서에서는 서양의 내세론이 전적으로 그가 생각하는 의미에서 거부되었기 때문이다.[141]

그리스도는 인지학의 중심에 놓여 있다. 그리스도는 루돌프 슈타이너의 철학적 초기 저작에서도 중심에 있다. 그 둘의 차이는 모든 내용에 해당되는 그리스도의 이름이 후반부에야 둘 다에 주어졌다는 데 있을 뿐이다. 왜 그래야만 했는지는 이어지는 부분에서 설명할 것이다.

루돌프 슈타이너의 그리스도로 향하는 의지의 길

루돌프 슈타이너는 35~36세에 근본적인 삶의 변화를 겪었다. 그때까지 그가 살아온 삶에서 가졌던 관념적인 것은 뒤로 물러나고 의지적인 것이 그 자리를 대신했다. 이전에는 거의 전적으로 관념적인 것에 의해 행해졌던 정신적 인식을 의지가 떠맡은 것이다.[142] 사고에서 의지로 바뀌는 이 전환은 루돌프 슈타이너의 인생 후반기에 뚜렷하게 표현된다.

내적으로 보면 인지학은 신비의 쇄신이다. 그런데 골고타의 신비 이후 모든 신비는 의지의 신비였다.[143] 따라서 인지학은 의지의 길이 아닌 다른 방법으로는 세상으로 들어갈 수 없었다. 외적으로 보면 인지학은 무에서 나타나듯 갑자기 루돌프 슈타이너의 삶에서 나왔다. 1904년에《신지학》이 출간되었고, 같은 해에《인간과 지구의 발달 - 아카샤 기록의 해석》과《어떻게 고차적 세계의 인식에 도달할 것인가?》가 출간되었다. 이로써 인지학은 완전한 규모를 갖추었다. 비록 나중에 더 심화되고 확장되었지만 말이다. 5년 전에는《헤켈과 그의 반대자들》이 출간되었다. 영혼적인 표현을 사용하면 그런 근본적인 변화는 의지적 성격의 변화로만 부를 수 있다.

내용적으로도 마찬가지다. 루돌프 슈타이너는 새로운 문화를 창조했다. 그런데 그것은 어떤 형태의 문화였을까? 그것은 더 발달해야 할 순전한 의지의 씨앗이고, 궁극적인 완성을 위해서는 수십 년, 수백 년이 요구될 단초와 계기들이다.

루돌프 슈타이너 자신의 삶에서도 마찬가지였다.《비밀학 개요》(1910)의 서문에서는 저자가 자연과학적 사고방식의 심판 앞에서 얼마나 큰 책임감을 느꼈는지, 그리고 이 심판 앞에서 인정받지 못하리라는 사실을 그 자신이 얼마나 잘 알고 있었는지 드러난다. 이러한 점에서 20세기 초에 신비주의의 신봉자로 등장하는 데 얼마나 많은 용기가 필요했는지 헤아릴 수 있다. 슈타이너도 일단 그런 용기를 찾아야 했다.

루돌프 슈타이너의 입장에서는 당연히 에른스트 해켈이나 에두아르트 하르트만, 디 코멘덴, 조르다노 브루노 협회, 노동자 학교나 베를린 문인들 등과의 관계를 유지할 수 있었지만, 그가 신지학자로 낙인 찍힌 것처럼 된 이후로 그런 관계는 서서히 끊어졌다. 같은 시기에 안나 오이니케 슈타이너와의 결혼 생활도 끝내야 했다. 모리츠 치터에게 보낸 편지에서 알 수 있듯이 루돌프 슈타이너의 재정 상태는 몹시 열악했다.[144] 이 모든 일은 인내력과 흔들리지 않는 끈기를 요구했다. 이 시기에 루돌프 슈타이너의 작업량은 막대했고, 그는 1899년에 L. 야코봅스키에게 "나는 반쯤 죽도록 일하고 있네"[145]라고 썼다.

슈타이너의 말년에는 다시 용기를 내는 것이 중요한 문제였다. 루돌프 슈타이너는 1923년 크리스마스 회의를 돌아보며 그것을 모험이라고 불렀다.[146] 슈타이너가 〈일반 인지학 협회〉의 초대 회장직을 맡았을 때 정신세계가 물러나는 일이 일어날 수도 있었을 것이다. 그러나 그렇게 되지 않았다. 반대로 정신세계의 선물은 점점 더 풍성해졌고, 점점 쇠약해지는 건강 상태에도 불구하고 1924년 9월 루돌프 슈타이너는 하루에 최대 5회에 걸쳐 내용이 전혀 다른 강연을 할 수 있었다. 자일만스 판 에미호번은 1924년 9월에 대해 다음과 같이 썼다. "목회자와 의학자 연수의 마지막 강연에서는 루돌프 슈타이너가 오직 사랑과 정신만을 발산하는 순간들이 있었다[…]"[147] 이타 베크만은 크리스마스 회의에 대해 이렇게 말했다. "그리스도 존재가 인류의 안녕을 위해 지상과 하나가 된 것처럼, 루돌프 슈타이너는 자신을 인지학 협회와 동일시했다. 그것은 하나의 그리스도 행위였다."[148]

이로써 루돌프 슈타이너의 삶의 변화는 절정에 이르렀고, 그리스도로 향하는 의지의 길이 완성되었다. 슈타이너가 1919년 그리스도로 향하는 두 가지 길에 대해 말한 것은 결국 자서전이었다. 사고의 길은 앞에서 이미 설명되었고, 의지의 길은 1919년 우리가 우리 청년기의 이상주의를 변화시키는 법을 배우는 방식으로 설명되었다. 청년기의 자연스러운 이상주의는 나이가 들면서 마찬가지로 자연스럽게 사라지기 때문이다. 따라서 우리는 삶에서 두 번째 이상주의를 스스로에게 가르쳐 익히고 스스로 획득해야 하며, 우리는 그것을 통해 사도 바울로의 "내가 아닌 내 안에 계신 그리스도"를 실현하려고 노력하면서 그리스도로 인한 거듭남을 경험해야 한다.[149] 루돌프 슈타이너는 자신의 방식으로 그것을 행했다.

루돌프 슈타이너의 삶에서 무엇이 변했는가?

에밀 보크는 루돌프 슈타이너의 삶에서 바울로적 전환[150]에 대해 말했고, 게르하르트 베어[151]와 다른 많은 사람도 같은 것을 말했다. 크리스토프 린덴베르크는 "루돌프 슈타이너의 그리스도교 진입"[152]이라는 말을 처음으로 사용했다. 그런 발언들은 루돌프 슈타이너가 사는 동안 그리스도교를 거부하다가 옹호하는 사람으로 바꿰었다는 생각을 불러일으킨다. 그리고 젊은 슈타이너의 개별적인 발언들은 그것을 증명하는 것처럼 보인다. 비록 볼프강 게데케[153]가 최근에 발견한 것처럼, 그리스도교와 제식에 대한 초기 슈타이너의 긍정적인 발언들도 있지만 말이다.

　루돌프 슈타이너의 발달에 대해 말하는 사람은 이 물음에 대한 슈타이너 자신의 진술을 다루어야 한다. 앞에서 언급된 저자들은 그것을 소홀히 했다. 루돌프 슈타이너가 나중에《자유의 철학》을 '바울로의 인식론'이라고 지칭했음을[154] 언급하면, 그들의 견해는 바로 뒤흔들린다. 그럼에도 슈타이너의 발달을 여전히 바울로적 전환이라고 말할 수 있을까? 슈타이너가《자유의 철학》이 '그리스도의 자극 위에 세워졌다'[155]고 한 것을 보면, 루돌프 슈타이너는 분명 처음부터 그리스도교로 진입한 것이지 나중에야 그 길을 발견한 것이 아니다.

　여기 제시된 연구에서는 슈타이너의 발달 과정에서 실제로 변한 것이 무엇인지 드러난다. 그것은 슈타이너와 그리스도교에 대한 관계가 아니라 그의 영혼의 힘인 사고와 의지의 상호 관계였다. 이 영혼의 변화는 동시에 5장에서 설명된 바와 같이 그의 입문이었다. 루돌프 슈타이너의 삶에서 모순을 발견하는 모든 사람의 오류는 이 영혼의 변화를 그리스도교에 대한 관계로 옮기거나 심지어는 둘을 서로 혼동하는 데 있다.

루돌프 슈타이너의 삶에서의 감정

루돌프 슈타이너는 35세까지 그리스도로 향하는 사고의 길을 걸었고, 삶의 근본적인 변화 후에는 그리스도로 향하는 의지의 길을 걸었다. 그 두 길은 모두 그리스도로 향하는 길이었다. 첫 번째 길이라고 칭한 것이 나중이었다고 해서 그것이 그리스도로 향하는 길이었다는 사실이 바뀌지는 않는다. 따라서 그의 가장 중요한 삶의 관심사와 관련해서도 루돌프 슈타이너의 발달에서 모순이나 바울로적 전환을 말할 수는 없다. 반대로 그는 먼저 바울로의 인식론을 썼고, 그 다음에 그에 따라 행동했다. 루돌프 슈타이너와 그리스도교의 관계에 대해서도 다음의 말이 통용된다. "나는 많은 이들이 믿는 것처럼 모순들을 지닌 채 앞으로 나아가지 않았다. 만약에 그랬다면 혼연히 인정했을 것이다 그러나 나의 정신적인 진행 과정에서 그것은 사실이 아니었다. 나는 영혼 속에서 살고 있는 것에다가 새로운 영역을 추가로 찾아냄으로써 앞으로 나아갔다."[156] 이 발달 개념은 루돌프 슈타이너가 자신의 세계관에 부여했던 이름들에도 해당한다. 그는 나중에야 자신의 괴테주의적-철학적 작업에 대해 그리스도교적인 이름을 찾았다. 그런 작업 방식은 누군가 처음부터 모든 것을 알고 모든 일에 즉시 궁극적인 이름을 준비하고 있는 것보다 더 설득력 있고, 더 인간적이지 않은가?

그러나 이와 관련해서는 사고와 의지와 더불어 우리 영혼의 세 번째 매개 요소인 감정에 대한 물음이 남아 있다. 여기서 논의된 두 가지 길과 루돌프 슈타이너의 감정의 관계는 어떠했을까?

감정은 사고와 의지 사이의 균형 안에서 활동한다. 그것은 루돌프 슈타이너의 삶의 과정에서도 마찬가지였다. 그의 사고의 길은 내리막길이었다. 그는 35세가 되어서야 감각적으로 지각할 수 있는 세계를 사고가 완전히 물러난 상태에서 평가하고 그 자체로 관찰할 수 있었기 때문이다. 그러니까 그의 사고는 그를 결국 다름 아닌 사고의 포기로 이끈 것이다. "세세한 부분이 중요해지면서 나는 감각세계는 감각세계 스스로만 드러낼 수 있는 무언가가 있다고 느꼈다. 인간이 생각이나 그 내면에서 생겨난 영혼의 내용을 통해서 감각세계로 무언가를 가지고 들어오는 일 없이 오로지 감각세계가 말하는 것을 통해서만 감각세계를 알아 나가는 것이 이상적이라고 나는 생각했다."[157] 과격하게 말해서 루돌프 슈타이너는 삶의 중반기에 자신의 사고를 잃었고, 의지의 싹인 전체 감각세계를 눈앞에 갖게 되었다. 5장에서 설명한 것처럼 이는 고차적 인식의 최고 단계인 직관과 같았다. 직관적으로 볼 수 있는 사람에게는 물질적-감각적 세계가 정신적으로 투명하게 보인다. 이 직관은 보통의 인간이 사고의 직관을 통해서만 도달하는 것을 모든 현상으로 확장한다고도 말할 수 있다. 이때 관찰된 생각은 순수한 의지로 의식된다. 이로써 루돌프 슈타이너가 왜 이전에는 거의 전적으로 관념적인 것에 의해 수행된 정신적 인식을 자신의 변화 이후에는 의지가 떠맡았다고 말할 수 있었는지 이해할 수 있다.

사고의 길은 외로웠고, 순수한 감각적 직관으로 끝났다. 또는 개인적으로 말해서 루돌프 슈타이너의 입문으로 끝났다. 의지의 길은 마지막에 하나의 사회적 공동체를 형성했으며, 이 공동체는 크리스마스 회의를 통해서 일종의 현대적 입문의 싹을 받아들였다. 사고의 길은 완성될 수 있었고 의지의 길은 당연히 완성되지 못했지만, 앞으로 이어질 수 세기를 위한 싹을 놓았다.

두 길은 감정과의 관계에서 서로 균형을 이루었다. 가령 괴테에 대한 작업을 할 때 괴테를 경고하는 사람으로 늘 옆에 두고 있다는 감정은[158] 사고의 길에 올바른 속도를 부여했고, 그 결과 슈타이너는 너무 이르지도, 너무 늦지도 않게 자기 삶의 전환점에 도달했다. 그는 기한에 관한 퀴르슈너 교수의 권고를 받아들여 13년 동안 다섯 권 분량으로 《괴테의 자연과학 저술들》을 간행하기로 했다. 사고의 길이 성숙하는 데는 그처럼 긴 시간이 필요했다.

의지의 측면에서 우리는 사고의 길이 그 오랜 시간을 거치며 나중에 어떤 결실을 맺었는지 관찰할 수 있다. 슈타이너는 하나의 물음이 제기될 때까지, 하나의 과제에 적합한 사람이 있을 때까지 기다릴 수 있었고, 어떤 계획에서든 두 번째 단계가 아닌 첫 번째 단계로 시작했으며, 인내심을 가졌다. 그리고 그는 바로 그 때문에 그처럼 많은 것을 얻었다. 동일한 맥락으로 루돌프 슈타이너가 가진 인내라는 감정의 미덕이 사고의 길과 의지의 길을 올바르게 균형 잡히게 했다고 이해할 수도 있다. 루돌프 슈타이너의 또 다른 감정에 대해서도 비슷한 것을 증명할 수 있을 것이다. 《내 인생의 발자취》에는 루돌프 슈타이너가 친구를 얻었고, 우정을 가꾸었으며, 사람들을 좋아했다는 말이 정말 자주 나온다. 또 그가 사람들을 묘사할 때 가장 자주 사용하는 단어는 "사랑스럽다"이다. 이 단어는 눈에 띌 정도로 자주 등장한다. 이것은 우연일까? 이 단어로 그가 그리스도교적으로 영혼에서 영혼으로 일어나야 하는 것을 직접적으로 표현한 것은 아닐까?

루돌프 슈타이너의 삶에서의 미카엘 신비

인간의 사고는 이전에는 신들의 사고였다. 인간은 과거에 신들의 언어에서처럼 열두 개의 별과 일곱 개의 행성, 해와 달과 지구와 하나가 되어 살았다. 인간의 사고는 서서히 더 자유로워졌지만, 사고에서 신이 점점 사라지기도 했다. 미카엘은 사고의 길에서 인간을 완전한 자유에 이를 때까지 아래로 이끌었고, 1879년부터는 의지의 길에서 인간을 다시 위로 인도했다.[159] 모든 인간의 삶에서 35세까지는 아래로 향하는 길이고, 그 다음 시기의 길은 위로 향한다.[160] 이와 관련해서 루돌프 슈타이너의 생애 전반기의 사고의 길과 후반기의 의지의 길, 그리고 이 둘의 감정적 균형은 그의 존재가 미카엘의 신비임을 보여준다.

《자유의 철학》은 인간의 자유의 순간을 표시한다. 먼저 막스 슈티르너가 등장해 사고를 고독의 최고봉으로 이끌어야 했고, 그 덕분에 루돌프 슈타이너는 거기서부터 정신세계로 가는 길을 찾을 수 있었다. 철학적으로 말하자면 인간은 그 이후로 어떻게 사고가 지각으로 변하는지, 또는 미카엘적으로 말해서 어떻게 사유가 돌이켜보는 것이 될 수 있는지 관찰할 수 있었다. 먼저 헤켈과 다윈이 자연과 인간 발달에서 목적 개념을 제거해야 했고, 그 덕분에 순수하게 인간적인 목적을 위한 길, 미카엘이 우리에게 기대하는 인간의 자유를 위한 길이 열렸다.

자유는 오직 그런 원점에서 무로부터의 창조로 생겨날 수 있다. 그렇기 때문에 루돌프 슈타이너는 《자유의 철학》에서 순수하게 인간적이고 보편타당하며, 무엇보다 모든 사람이 관찰할 수 있고 체험할 수 있는 단어와 개념들로 말하지 않을 수 없었다. 과거 언젠가 모든 신의 세계가 순수하게 인간적인 개념들로 변경되어야 했는데, 그것은 《자유의 철학》에서 일어났으며, 그 때문에 거기에는 어떤 구체적인 신들의 이름은 나타나지 않는다. 그리스도, 부처, 또는 알라도, 그 어떤 다른 신이나 신의 대적자도 나타나지 않는다. 그것은 피안에 있는 전체 신들의 세계가 사고와 지각으로, 표상으로, 인식과 자기 결정으로, 의지와 감정, 동기, 충동, 도덕적 직관, 도덕적 상상과 도덕적 기술로 변했기 때문에 가능했다. 모든 것을 포함했지만 외적으로는 전혀 신적인 것을 나타내지 않는 이 원점에서만 새로운, 그러나 이제는 현세의 신들의 세계가 생겨날 수 있었다. 인지학에서 제시한 것처럼 말이다. 따라서 《자유의 철학》의 저자가 1894년 자신의 저서가 그리스도의 자극에 기초해 있다고 말할 수 없었던 것은 필연이었다. 그가 나중에 그것을 돌아보며 깨달은 다음 그렇게 말한 것, 무엇보다 100년이 지나고 나서 우리가 그것을 돌아보며 점점 더 잘 이해하고 파악하는 것도 필연적인 일이었다.

우리의 가장 고유한 곳에, 즉 우리의 사고에 그리스도 자신을 불어넣은 것은 그리스도의 본질이다. 그리스도가 사람이었을 때 사람들은 그를 인식하지 못했다. 그가 사람이 되었기 때문이다. 그리스도가 《자유의 철학》의 사유적인 움직임에 에테르적으로 내재하는 동안, 사람들은 그를 인식하지 못한다. 그가 그런 상태를 통해서 우리를 더욱 더 자신의 것으로 만들기 때문이다. 루돌프 슈타이너는 1918년 《자유의 철학》 8장에 대한 부록에서 사고를 따뜻하고, 태양처럼 세계의 현상들로 가라앉는 존재로, "정신적인 방식으로 사랑의 힘인 것"[161]으로 묘사하면서 그 점을 언급했다.

미래는 자유를 향한 의지 속에 놓여있다. 1904년, 슈타이너가 《신지학》에서 다음과 같이 말한 것처럼 말이다. "자유는 자기 자신을 바탕으로 행동하는 것이다. 그리고 영원한 것에서 동기를 퍼 올리는 사람만이 자기 자신을 바탕으로 행동할 수 있다."[162] 이 영원한 것은 방법론적으로는 인간의 인식 능력의 세계에서 《자유의 철학》을 통해, 내용적으로는 인간의 지각 능력과 사고 능력의 세계에서 인지학을 통해 인간에게 다시 열렸다. 또한 그리스도교적으로 말하자면, 인간은 그리스도로 향하는 사고의 길과 의지의 길에서 정말로 이 영원한 것에 도달할 수 있다. 인간은 다시 신들에게로 올라갈 수 있다. 그리로 가는 길은 마련되었다. 미카엘이 우리에게 도움의 손을 내민다.

7.

《신비적 사실인 그리스도교》(1902)

    《자유의 철학》(1894)이나 《신지학》(1904)은 중요한 부분들이 빠졌을 수 있다는 생각이 떠오르지 않을 만큼 세부까지 철저하게 구성된 책들이다. 이와 비교할 때 《신비적 사실인 그리스도교》(1902)는 특히 결론에 대해서 의아함이나 실망감을 느낄 수 있다. 그것이 저자의 의도였을까? 그는 다르게 할 수 없었거나 하고 싶지 않았던 걸까? 아니면 내가 독자로서 중요한 것을 이해하지 못했고, 그래서 이 책을 읽음으로써 나 자신이 그리스도교의 "신비적 사실"을 이해하기 위해 내적인 결심을 할 필요가 있었던 것일까? 이 책에서 신비에 대해 그처럼 많이 언급하고 있는 것을 보면, 어쩌면 이 책을 읽는 것 자체가 하나의 신비가 되도록 의식적으로 구성한 것일까? 만일 그렇다면 여기에는 어떤 신비가 놓여 있을까? 초판을 읽으면 이런 의문과 생각이 떠오를 것이다.[163] 최종판(1921년)을 읽을 때도 그러한 느낌은 비슷하지만 완화된 상태로 남아있을 것이다.

자연과학에서 입문과학으로

저자는 이 책의 서문과 서론에서 자신의 관점을 간략하게 제시한다. 자연과학은 우리의 현대적 정신생활을 주도하는 힘이지만, 우리의 깊은 마음속 욕구들은 그것으로 충족되지 않는다. 아니면 아직은 충족되지 않았다고 말하는 편이 나을 것이다. 자연과학적 사고방식 자체가 발달할 수 있기 때문이다. 자연과학이 가지고 있는 훌륭한 발달 개념은 자연과학 자체에도 적용된다. 자연과학자가 감각적 세계를 관찰하는 것처럼, 우리는 인간의 정신적 발달 과정, 그리스도교와 다른 종교적 관념 세계의 발달도 선입견 없이 관찰할 수 있다. "자연과학적인 방법일 수는 없지만 의미상으로는 전적으로 자연과학적인 고차적 방법들이 나온다."[164] 이 '고차적 방법'은 자료 기록에 대한 단순히 역사적인 연구를 넘어선다. "거기서[고차적 방법에서] 역사는 실제 연구의 준비 단계에 불과할 수 있다."[165] 보통은 초기 저작에서 상세하게 설명되지만 그래서 우리는 이번에 그리스도교의 내용에 적용된 루돌프 슈타이너의 일원론적 방법도 알게 된다. 그는 불편부당한 방법, 정확한 방법, 발달 능력으로는 자연과학적 방법이지만 그 대상이 정신적인 것이어서 결코 일반적인 역사 연구와는 동일시할 수 없는 '고차적 방법'을 설명한다.

슈타이너는 첫 번째 장 '신비, 그리고 신비의 지혜'에서 신비로서의 인식 과정을 서술한다. 그는 자신을 신비를 경험한 사람이라고 밝힌다. 이를 서술하는 그의 표현이 아주 명확하지 않을 수도 있지만, 민감한 독자에게는 분명하다. "이런 일들에 대해 제대로 생각하려면 인식 활동의 내밀한 사실들에 대한 경험이 있어야 한다."[166]

"삶의 어느 시점"에 "세계에 대한 전체 관계가 뒤바뀌는" 사람들이 있다. 그들은 그 다음에 영안으로 통찰하는 법을 배운다. 그들은 통찰하지 못하는 사람들과는 달리, 맹인으로 태어났지만 볼 수 있는 사람, 광야의 설교자와 같다. 그러나 "그들은 인간 본성에 대한 믿음이 있으며, 정신의 눈을 열어주는 사람이고자 한다."[167] 정신세계로 가는 길에서는 "낡은 가치는 사라졌는데 새로운 가치는 생겨나지 않아" 두려워질 수도 있다. 이 가능성은 고차적 인식에 이르고자 하는 모든 사람에게 언젠가는 현실이 된다. "그런 사람은 정신이 그에게 있어 모든 생명이 죽었다고 선언하는 지점에 이른다. 그렇게 되면 그는 더 이상 세상에 없다. 그는 세상 아래에, 즉 저승에 있다. 그는 하데스의 강들을 건넌다. 도중에 가라앉지 않으면, 그래서 그의 앞에 새로운 세상이 나타난다면 다행이다. 그는 사라지지 않으면 변화된 자로서 다시 나타난다. 후자의 경우에는 새로운 태양이, 새로운 땅이 그의 앞에 나타난다. 정신적인 불로부터 온 세상이 그에게 다시 태어나는 것이다. 입문자들은 신비를 통해서 자신들에게 일어난 일을 이렇게 말한다."[168]

저자 자신이 그런 입문을 겪었다는 것은 의문의 여지가 없다. 몇 줄 뒤에 다음과 같이 말하고 있으니 말이다. "저차원적인 인식에서 고차적 인식으로 나아가는 통로를 아는 사람이라면 그런 말을 알아듣는다. 실제로 그들은 모든 단단한 물질, 즉 모든 감각적인 것이 녹아 묽이 되어 사라지는 것을 몸소 느꼈다. 정말 그들이 딛고 섰던 모든 것이 사라진 것이다. 그들이 그전에 살아있다고 느꼈던 모든 것이 죽임을 당한 것이다. 칼이 따뜻한 몸을 뚫고 지나가듯이, 정신은 모든 감각적인 생명을 뚫고 지나갔다. 사람들은 감각적인 피가 흐르는 것을 보았다."[169] "몸소 느꼈다"고 말하고 있으니, 루돌프 슈타이너가 자신의 체험을 말하고 있다는 것을 더 이상 의심할 수 없다. 계속해서 다음과 같은 내용도 나온다. "영원한 것에 관해서는 많은 말들이 있을 수 있다. 누가 그것을 저승에 간 다음에 자기가 한 말들이 '허망한 것'이라고 이야기하는 사람들의 진술이라고 하지 않겠는가."[170] 저자는 자신의 책에서 끊임없이 영원한 것에 대해 이야기한다. 따라서 그의 말이 헛되지 않다면 그는 하데스 여행을 경험한 것이 틀림없다고 할 것이다.

결국 서론에서 기술된 '고차적 방법'이란 다름 아닌 자연과학을 바탕으로 하여 발달한 입문과학이다. 식물이 잎의 성장을 꽃으로 상승시키지 않으면 불완전한 상태로 남아 있듯이, 우리의 자연과학적 발달 관념도 입문의 방법론으로 꽃을 피우지 못하면 아무것도 만들어내지 못한다. 루돌프 슈타이너는 이런 생동하는 사고로 신비와 신화를 서술한다. 옛날에 폐쇄된 신비 안에서 소수의 영혼들에 의해 이루어졌던 것이 근원적 입문자인 그리스도를 통해 모든 사람에게 가능해졌다. "많은 신비의 자리에 일자一者, 근원적 신비, 그리스도교적인 신비가 들어서야 했다. 로고스가 육신이 된 예수는 인류 전체의 입문자가 되어야 했다. 그리고 이 인류는 그 입문자 자신의 공동체가 되어야 했다."[171] 그리고 모든 것을 요약해서 이렇게 말한다. "골고타의 십자가는 사실로 집약된 고대의 신비 의식이다. 우리가 이 십자가를 처음 만나는 것은 옛 세계관들에서이다. 십자가는 전 인류에게 통용될 유일한 사건 안에서, 즉 그리스도교의 출발점에서 우리를 만난다. 이런 관점에서 볼 때 신비적인 것은 그리스도교에서 이해될 수 있다. 신비적 사실인 그리스도교는 인류의 성장에서 하나의 발달 단계이다."[172]

그리스도교의 본질이라는 난제

지금까지는 독자가 막힘없이 책의 내용을 따라갈 수 있었을 것이다. 하지만 이전의 몇몇 관념과 마지막 장으로 인해서 본격적인 의구심에 빠지게 될 수 있다. 문제가 되는 이야기는 이렇다. 과거에는 입문이 신성을 경험한 선택된 개별 인간들의 일이었다. 그런데 그리스도교에 의해서 로고스가 개별적인 많은 입문자에서 예수라는 유일한 인물로 옮겨졌다. 예수는 유일한 신인神人이 되었다. 그는 전체 인류의 신성을 떠맡았다. 그러나 이로써 이전에는 자신 안에서 신적인 것을 발견할 수 있었던 각 인간의 영혼에서 이 영원한 것이 떨어져 나가 "영원한 것은 모두 예수에게 맡겨졌다."[173] 재육화에 대한 생각은 소멸하고 오래된 신비는 쇠퇴했으며, 개별적으로 불멸하는 인간이 있으리라는 믿음만 남았다. "사람들은 그저 인간이었고, 하느님과 직접적이긴 하지만 외면적인 관계에 있었다."[174] 슈타이너는 이런 식으로 영원한 것, 또는 변화하는 로고스가 개별 인간에게서 제거되어 그리스도로 옮겨진 것을 "그리스도교의 본질"로 보았다. 적어도 이런 사고가 적혀 있는 징의 표제에 따르면 그렇다.

그런데 우리에게 익숙한 자유 감정의 관점에서 잠시 생각해 보면, 이제 진술될 수밖에 없는 것은 정말로 믿을 수 없는 말이 된다. 왜냐하면 신비가 공개되어 예수 안에서 외적인 역사적 사실이 되면서 골고타에서의 행위에 대한 외적인 믿음은 정당화되었거나 적어도 이해될 수 있었기 때문이다. 이에 관해서는 요한의 첫 번째 편지에 나오는 말이 인용되었다. "처음부터 있어 온 것, 우리가 들은 것, 우리 눈으로 본 것, 우리가 살펴보고 우리 손으로 만져본 것, […] 우리가 보고 들은 것을 여러분에게도 선포합니다. 여러분도 우리와 친교를 나누게 하려는 것입니다."[175] 또한 "보지 않고도 믿는 사람은 행복하다."라는 말에 대해서는 이런저런 비슷한 맥락에서 세 번 이상[176] 공감을 표하며 그 가치를 인정한다. "나는 가톨릭교회의 권위가 나의 마음을 움직이지 않는다면 복음을 믿지 않을 것"이라는 아우구스티누스의 말도 루돌프 슈타이너는 이런 맥락에서 이해할 수 있다고 여기고, 그 말을 세 번에 걸쳐 인용한다.[177] 그런데 《자유의 철학》에서는 같은 인용문을 자유롭지 못한 태도의 전형으로 사용하기에 한 번의 인용으로 충분했을 것이다.

루돌프 슈타이너는 책의 마지막 장인 '아우구스티누스와 가톨릭교회'에서 앎과 믿음의 분열이 어떻게 확립되었는지 설명하고, 우리를 중세로 데려가서는 다음의 맺음말로 우리를 떠나게 한다. "그리스도교는 신비 발달의 내용을 신전의 어둠으로부터 환한 빛으로 끌어냈다. 동시에 그리스도교 내에서 어떤 특징적인 정신적 경향은 이 내용이 믿음의 형태로 남아있어야 한다고 생각하기에 이르렀다."[178] 이것이 마지막 통찰이어야 할까? 그러면 처음 몇 장과 서문에서 앎과 믿음 사이의 간극에 대해 고통스러운 불만을 분명하게 토로했고, 자연과학에서 상승하는 통일적인 '고차적 방법'의 토대를 확립해 신비와 그리스도교에 설득력 있게 적용했던 인식에의 열정은 어떻게 된 것일까? 이 고차적 인식은 우리로 하여금 결국에는 믿음으로 만족하도록 하는 것일까? 20세기의 그리스도교에 대해 적어도 한 마디는 언급했어야 하지 않을까? 아니면 처음 몇 장으로 이미 언급한 것일까? 아니면 책 전체로?

아무튼 루돌프 슈타이너는 자연과학적 공평성과 객관성으로 있었던 일을 기술한다. 그리스도교에서의 믿음, 그리고 골고타의 신비에서 교회의 발달로의 이행은 그리스도교의 본질과 관련될 수밖에 없는 사실들이다. 그리스도교는 신비의 관점에서 볼 때 개별 인간에게서 고차적인 것의 인식과 개별 인간에게서 영원한 것이라는 두 가지를 앗아갔다. 우리는 이 두 가지 상실을 이 책에 여러 번 등장하는 바와 같은 발달 관념에서 이해하는 법을 배워야 한다. 발달하는 식물의 예는 여러 번 등장한다. 식물은 우리에게도 본보기로 쓰여야 한다.

식물은 녹색 잎에서 꽃받침과 꽃으로 발달하면서 더 높은 단계에 도달하는 것에 그치지 않고 무언가를 잃기도 한다. 빛을 이용해 무기물질에서 유기물을 합성하는 능력이 그런 예인데, 녹색 잎만 유기물을 합성할 수 있고 색이 다채로운 꽃잎은 더 이상 그렇게 하지 못한다. 그리스도교도 마찬가지이다. 신비의 공표와 누구나 가능한 입문은 굉장한 진보였지만, 그 대신에 고차적 인식이 일단은 믿음으로 대체되었고, 개인이 신이 될 가능성을 빼앗겼다. 그것은 필연적인 상실이었다.

그사이에 2000년이 지났다. 그동안 사람들의 사고는 성숙해져서 스스로를 자아로 인식하고 이 자아에서 영원을 다시 만날 수 있게 되었다. 이 현대적 사고의 가장 설득력 있는 사도인 저자 자신이 자연과학적 방법을 입문의 방법으로 상승시켜 그리스도교를 신비적 사실로 인식할 수 있었다. 이 인식은 믿음이 아니다. 이 인식은 우리 시대에도 새로운 것이다. 다만 역사적 발달이 먼저 믿음으로 이어져야 했다. 그러나 이 책은 지금까지는 교회에서만 믿을 수 있었던 것과 똑같은 내용을 자연과학적으로 정제된 가장 명료한 인식을 통해서 만난다. 그런데 왜 루돌프 슈타이너는 자신의 책에 나온 이 결론을 직접 말하지 않았을까? 그는 왜 우리를 믿음과 함께 홀로 중세에 있게 했을까? 마르틴 바르크호프는 후기에서 이 물음에 다음과 같이 대답한다. "그러나 독자는 그런 식으로, 그리고 그런 식으로만 새로운 그리스도교적 신비에 대한 세계사적 갈망을 자신의 영혼에서 첫 경험으로 발견할 수 있다."[179]

책의 구성이 주는 대답

책의 구성 전체를 살펴보면, 루돌프 슈타이너에 있어서는 항상 그렇듯이 처음에는 분명한 방법적 확신을, 그 다음에는 신비를 서술할 때의 열정을 볼 수 있다. 첫 번째 장 '신비, 그리고 신비의 지혜'의 마지막 두 페이지는 인식 과정을 신이 세상의 마법에 걸려있는 것으로 이야기한다. 이 신은 인간의 영혼 안에서 마법에서 풀려날 수 있으며, 이를 통해 그 영혼으로부터 인간에게서 아들이 태어났다. 그리고 인간의 영혼 속 이 아들은 영원하고 숨겨진 아버지인 신 자신에 의해서 순결하게 잉태되었다. 이는 단순한 비유가 아니며, 《자유의 철학》의 저자는 그렇게 인식 과정을 고차적 자연 과정으로 설명한다. 인식에의 열망으로 인해 책 전체의 절정이 여기에 놓인다. 그리고 나서 인식의 신화는 처음에는 신비와 신화에서, 그 다음에는 그리스도교에서 다시 발견된다. 인식에의 열망은 나중에 상당히 완화되는데, '그리스도교의 본질에 대하여'라는 제목의 장에서 외적 제도로서의 교회를 서술할 때, 교회의 권력과 공의회 결정들이 어떻게 점점 더 개인적 연구를 대신하고, '사교邪敎 전도자'의 개념이 어떻게 점점 더 확고한 형태를 얻었는지 설명할 때 그렇다. 그리고 마지막 장 '아우구스티누스와 교회'에서 앞에서 언급한 아우구스티누스의 유명한 인용문이 세 번째로 반복될 때 독자는 - 특히 처음에 인식에의 열망을 높일 수 있었던 독자는 - 진정한 고통을 느낀다. 따라서 이 작품의 구성은 의도적으로 그렇게 짜인 것이 분명하다. 처음에는 열망과 다음에는 고통, 처음에는 승리를 확신하는 인식의 기쁨과 발견의 기쁨, 그 다음에는 불확실과 고독으로의 침강이라는 구성으로 말이다.

우리는 이 《신비적 사실인 그리스도교》에서 처음에는 신비 속에서 그리스도교 관념의 부활을, 그 다음에는 이어지는 교회의 역사에서 그 죽음을 경험한다. 따라서 이 책은 우리가 먼저 죽음을 경험한 다음에 부활을 경험하는 부활절과는 반대로 구성되어 있다. 그리고 부활절 관념의 반전이라는 이 신비는 이름에서도 파악할 수 있는데, 그것은 인간에게 적용되는 미카엘 축제의 관념이다. "그는[인간은] 부활했고, 편안하게 무덤에 누울 수 있다."[180] 인간은 신의 희생이라는 부활절 관념이 다시 분명해질 수 있을 정도로 미카엘 축제의 관념에 몰두할 수 있어야 한다. 오늘날 중요한 문제는 인간이다. 그렇기 때문에 인지학은 인간학이고, 그렇기 때문에 이전에는 예배였던 것이 오늘날에는 인간 축성 행위이며, 그렇기 때문에 1902년 저자에게 중요한 문제는 인간으로서 그의 독자들이었다. 그는 자신이 체험한 것을 독자들이 함께하기를 원했다. 독자 자신이 처음에는 부활로, 그 다음에는 죽음의 경험으로 인도되고, 이 반전을 통해서 골고타의 부활절 사건이 가진 현재성을 이해하고 체험하는 것이 이 책이 말하는 미카엘 신비이다. 또는 이 책의 표현을 빌려 말하자면, 고차적 인식에 이르는 모든 사람에게는 언젠가는 정신이 모든 생명을 죽음으로 선언하는 일이 현실이 되어야 한다. 그러면 그는 더 이상 세상에 있지 않다. 그는 세상 아래, 즉 지하 세계에 있다. 그는 하데스 여행을 실행한다. 그것이 책의 첫 부분에 나오는 말이다. 그리고 마지막에는 그 말이 독자 자신에게 신비적 사실이 될 수 있다. 독자 자신이 2000년 그리스도교 역사의 해골의 땅으로 인도되며, 이제 그가 감각의 피가 흐르는 것을 보는지 아니면 보지 못하는지, 변화된 사람으로서 새롭게 자기 앞에 서는지, 서지 못하는지, 근원적 그리스도교의 새로운 태양이 그에게 떠오를 수 있을지, 없을지는 그에게 달려 있다.

우리는 루돌프 슈타이너가 정신의 시험을 겪은 직후에 이 책을 썼다는 사실을 안다.[181] 따라서 독자도 - 아마 루돌프 슈타이너의 다른 어떤 책에서와 달리 - 이 책을 통해 실재적인 정신의 시험 앞에 서게 될 것이며, 이 시험은 독자를 거기서 인식된 신비의 제자로 만들 수 있을 것이다.

8.

성배과학으로서의 인지학

《비밀학 개요》의 저자는 근대의 입문자들을 "성배의 입문자들"이라고 부른다. 독자들은 이 책으로 "성배의 학문"으로 가는 길로 인도될 것이라고 한다. 이 말을 어떻게 이해해야 할까?

헤르첼로이데의 광대 모자

전해지는 이야기에 따르면, 헤르첼로이데Herzeloyde*는 아들 파르치팔Parzival에게 그의 이름을 비밀로 하게 하고는 광대 모자를 씌워 세상으로 나가게 한다. 인지학의 창시자 역시 자신의 아이에게 이런저런 광대 모자를 씌워주었다. 여기에 대한 한 가지 예를 살펴보자.

---

* 역자 주: 볼프람 폰 에센바흐Wolfram von Eschenbach가 쓴 독일 중세 기사 문학의 걸작인 《파르치팔의 모험. 성배를 찾아서》에 나오는 주인공 파르치팔의 어머니. 한 왕국의 왕비였지만 남편이 죽은 뒤 세상의 싸움과 모험으로부터 아들을 지키기 위해 외딴 숲으로 가서 홀로 아들을 키운다.

첫 장은 다음과 같이 시작된다. "이 책의 내용에 대해서는 '비밀학'이라는 오래된 말이 사용되었다." 그런 다음 한 페이지 반에 걸쳐 이 말이 독자들에게 불러일으킬 수 있는 오해들을 기술한다. 사람들은 궁금해한다. 저자는 왜 그처럼 서투르게 자신의 책에 그런 제목을 붙일까? 그러고 나서 다음과 같은 내용이 나오는 두 번째 단락이 이어진다. "이 책에서 서술하는 내용은 어떤 말이 여러 상황으로 인해 선입견을 불러일으킬 수 있다는 사실에 휘둘려 공평한 태도를 잃지 않을 독자들을 대상으로 한다." 다시 말해서 책의 제목이 의도적으로 작은 시험으로 구성되었고, 그래서 책을 펼치는 사람은 이미 자신의 공평한 태도와 관련된 아주 작은 정신의 시험을 통과했다는 뜻이다. 그리고 별난 제목 때문에 책을 그대로 놓아두는 사람은 파르치팔이 처음에 쓰고 등장해야 하는 광대 모자를 오늘날에도 아직 보지 못한 것이다. 그런 사람에게는 이 책이 하나의 비밀로 남을 것이다. 반면에 첫 번째 시험을 통과한 사람은 이 책에 포함된 수많은 더 어려운 시험들을 발견하게 될 것이다.

방랑하는 음식

암포르타스Amfortas*는 성배로부터 정신적 양식을 공급받아야만 살아갈 수 있고, 성배의 기사들도 성배의 음식으로 살아간다. 우

---

* 역자 주: 성배의 성에서 대대로 성배를 수호하는 가계의 마지막 왕이다. 결코 낫지 않는 상처로 인한 고통 속에서 자신을 치유해 줄 후계자를 기다리며 살아간다.

리는 지구네Sigune*로부터 쿤드리Kundrie**가 매주 토요일에 그들에게 바로 이 정신의 양식을 가져다준다는 이야기를 듣는다.

현대의 정신과학은 사람을 건강하게 하고 정신적으로 영양을 주는 힘을 포함하고 있다. 애초에 신지학 운동 같은 것이 시작된 이유는 정신적인 힘들이 물질주의가 사람을 병들게 하고, 전염성 신경 과민과 불면증을 초래하게 되리라는 점을 인식했기 때문이다. 신지학은 이를 막기 위한 치료제로 주어졌다.[182] 정신과학은 최고의 수면보다도 치유력이 있다.[183] 오늘날 자신의 생각으로 인지학을 받아들이는 사람은 현존의 여러 수수께끼에 대한 답을 찾을 뿐만 아니라, 바로 다음 지상생활에까지 영향을 미치는 생명력을 창조한다.[184] 동일한 연관성이 《비밀학 개요》에서도 다음의 말들로 설명된다. "그런 인식이 활동하는 힘과 삶에 대한 확신을 길어 올리는 원천은 고갈되지 않는다. 한번이라도 이 원천에 제대로 다가가본 사람이라면 다시 찾아간 그 피난처에서 힘을 얻지 않은 상태로 떠날 일은 없을 것이다."[185] 성배 흐름의 언어에서는 이 원천이 "강간다 그레이다ganganda greida - 방랑하는 음식"[186]이라고 불린다.

샤스텔마르베이유Chartelmarveille의 가반

성배의 선한 힘에 대립해 있는 것이 샤스텔마르베이유 성에서

---

* 역자 주: 파르치팔의 이종사촌이다.
** 추한 외모를 가진 성배의 메신저로 파르치팔에게 성배 왕이 되리라는 소명을 전하는 여인이다.

자신의 위력을 펼치고 있는 사악한 마법사 클링조르Klingsor이다. 여기서의 시험은 파르치팔이 아니라 그를 대신하는 가반Gawan*에 의해서 통과된다. 다른 신화나 신비에서도 그런 것처럼, 우리는 여기서도 등장인물들을 현실에 맞도록 어느 이상적인 인간이 가진 서로 다른 영혼의 힘으로 상상해야 한다. 실제 입문에서는 누구나 가반의 힘이 필요하다. 가반은 조정하는 영혼의 힘을 가지고 있으며, 이는 무엇보다 그가 입문으로 가는 길에서 오만과 불손으로 그를 시험하는 오르겔루제Orgeluse**의 사랑을 얻는 것에서 알 수 있다.

《비밀학 개요》에서 루돌프 슈타이너가 자신에 대해 말하거나 말해야 할 때면 우리는 항상 그의 가반-미덕을 경험한다. 저자는 초판 서문에서 자신의 자연과학적, 철학적 기초지식에 대해 이야기하는 이유를 설명하고, 그것이 쉽게 겸손하지 못한 태도와 혼동될 수 있다고 설명한다. 그러나 그럼에도 불구하고 그것을 말해야 하는데, "저자의 진정한 동기가 완전히 다른 동기와 혼동되지 않도록 하기 위해서이다. 이 동기의 혼동이 겸손하지 못한 태도와 혼동되는 것보다 훨씬 더 나쁠 수 있기 때문이다."[187] 그는 다른 강연들에서도 그랬던 것처럼 여기서도 개인적인 것에 대해 이야기하는 것이 종종 부적절하게 생각된다고 언급한다.

그렇기 때문에 '저자'가 포스트 아틀란티스의 네 번째 문화기를 설명하는 '우주의 발달과 인간' 장에서 외견상으로는 갑작스럽게 자

---

* 역자 주: 《파르치팔의 모험》에서 아서 왕의 원탁의 기사가 되기 위해서 위험하고 엄격한 시험을 치르는 인물이다.

** 미망인이 된 로그로이스의 공작부인으로 나중에 가반의 아내가 된다.

기 자신에 대해 말하는 대목은 독자들에게 그만큼 더 중요하게 다가온다. 그는 고대 인도 시대를 되돌아보며 거기서는 아리만의 영향이 얼마나 미미했는지 설명하고, 원시 페르시아 문화기에 위대한 자라투스트라가 대항하지 않았다면 아리만의 영향은 훨씬 더 컸을 거라고 설명한다. 그런 다음 - 말하자면 자라투스트라와 헤르메스 사이에 - 자신의 책이 어떻게 아리만의 힘을 이기고 얻어졌는지 이야기하며, 샤스텔마르베이유의 가반에 대해 진술한다. "오늘날 우리는 정신과학의 범주 내에서 죽음과 새로운 탄생 사이의 삶을 아리만의 영향이 어느 정도까지 극복되었는지에 따라 기술할 수 있다. 이 책의 저자도 다른 저술과 이 책의 첫 번째 장들에서 그렇게 서술했다. 인간이 실제로 존재하는 것에 대한 순수한 정신적 통찰을 얻었을 때, 이런 삶의 형태에서 인간에 의해 체험될 수 있는 것을 생생하게 드러나게 하려면 그렇게 서술할 수밖에 없다. 각 개인이 그것을 어느 정도 체험할 수 있는지는 그가 아리만의 영향을 얼마나 극복했느냐에 달려 있다. 인간은 자신이 정신세계에서 될 수 있는 어떤 상태에 점점 다가간다. 인류의 발달 과정에 대한 고찰에서는 인간이 정신세계에서 될 수 있는 어떤 상태가 다른 영향들에 의해 얼마나 많은 제약을 받는지를 예리하게 주시해야 한다."[188]

성배과학의 가반 징후는 아리만-클링조르를 극복하고 이겨냈을 때, 그의 요새를 정복했을 때만 도달될 수 있다는 것이다.[189]

놓친 물음

정신과학의 현대적 개념으로는 파르치팔이 성배의 성에 도달하는 것을 어떻게 이해할 수 있을까? 그리고 현대인들이 놓친 물음은 무엇일까?

모든 시작이 어렵다는 것은 누구나 일상적인 경험으로 알고 있다. 그러나 초감각적 영역에서는 어떤 의미에서 다르다. 괴테는《빌헬름 마이스터의 수업 시대》중 '도제 수료증' 장과《빌헬름 마이스터의 편력 시대》에서 그것을 암시적으로 기술한다. "모든 시작은 유쾌하고, 문턱은 기대의 장소이다."[190] 그리고《빌헬름 마이스터의 편력 시대》에서는 몬탄Montan이 몇 장 뒤에 해석하는 것처럼 다음과 같이 말한다. "모든 시작은 쉽고, 마지막 단계들은 가장 어렵고 오르기 힘들다."[191] 루돌프 슈타이너 역시 정확히 같은 방식으로 정신 수련자들의 시작을 묘사한다. 인간의 영혼은 항상 초감각적인 것의 여력을 자기 안에 가지고 있기 때문에 처음에는 비교적 빠른 발달을 이룬다. 어떤 사람들은 몇 번의 수련을 거친 후 상당히 의미 있는 초감각적 체험을 한다. 그러다가 어느 정도 시간이 지난 뒤에는 그런 체험이 다시 돌아오지 않는데, 정신적인 것에서는 무엇인가 반복되면 그것이 점점 더 멀어지기 때문이다.[192] 우리 중 많은 이가 이러한 맥락의 흔적을 경험했는데, 인지학을 배우는 과정에서《어떻게 고차적 세계의 인식에 도달할 것인가?》같은 책을 하룻밤에 통독하거나, 세월이 지남에 따라 명상이 점점 더 어려워진다는 것을 깨달을 때가 그렇다. 따라서 누구나 - 물론 성숙 정도에 따라 다르지만, 원칙적으로는 비슷하게 - 정신세계에 대해 잘 모르는 상태에서도 시작하자마자 정신세계로 들어간다. 그는 파르치팔처럼 성배의 성으로 들어갔지만 아직 그곳을 잘 모르고, 본질적인 물음을 제기할 줄 모른다. 또한 일단 밖으로 나온 다음에는 다시 돌아가는 길을 모르는데, 정신적인 것에 적용되는 다른 기억 방법을 아직 다룰 줄 모르기 때문이다. 이처럼 초감각적인 영역에서는 모든 시작은 쉽고 마지막 단계들은 가장 어렵고 오르기 힘들다는 말이 정말로 들어맞는다.

우리 안의 누가 고통받는 암포르타스인가?

다시 성배로 부름을 받았을 때 파르치팔은 마침내 구원의 물음을 던질 수 있었고, 그래서 암포르타스에게 묻는다. "외숙부님, 무엇이 외숙부를 그처럼 고통스럽게 하나요?" 이 영혼 드라마 전체에서 이 물음을 파악하려면 우리는 우리 영혼에서 고통받는 암포르타스와 구원하는 파르치팔을 어디서 찾을 수 있는지 알아야 한다. 루돌프 슈타이너는 이 물음의 목표점을 제시했다. 즉, 파르치팔은 의식영혼을 대변하고, 암포르타스는 지성영혼에 해당하며, 아르투스(아서) 왕과 그의 기사단은 감각영혼의 상징이다.[193] 이 연관성을 어떻게 이해해야 할까? 지성영혼과 의식영혼의 차이는 무엇일까?

우선은 햇수이다. 지성영혼의 발달은 그사이 2700년이 되었고, 의식영혼의 발달은 겨우 500년이 지나고 있다. 따라서 우리는 지성영혼을 과소평가해서는 안 된다. 지성영혼은 외부의 감각적 인상을 내적으로 작업할 수 있시만, 본질적으로는 수동적이다. 의식영혼은 더 나아가 자신의 영혼 활동 속에서 자신을 인식할 수 있으며 능동적으로 된다. 의식영혼의 발달은 수 세기가 지나는 동안 인간으로 하여금 자신의 사고를 감각적인 것하고만 연결할 수 있고 신적-초감각적인 것은 인식할 수 없다고 여기게 만들었다. 그로 인해 한편으로는 물질주의가, 다른 한편으로는 추상적인 내세에 대한 믿음이 생겨났다. 이는 1413년 의식영혼의 시대가 시작될 때까지 지성영혼의 시대에 의해서 형성되고 발달했지만, 실제로 1413년 이후에야 파괴적인 원칙이 되었다. 이제 지성영혼은 주도적인 영혼의 요소로서 더 이상은 시대에 맞지 않지만 그 높은 성숙도로 인해서 매우 강력해졌다. 그래서 루돌프 슈타이너는 19세기에 일종의 "인류의 지적 타락"[194]이 일어났다고 이야기한다. 9세기에 성배 신화가 고통받는 암포르타스를 통해서 예언한 것이 여기서 분명해졌다.

의식영혼의 파르치팔 원리

따라서 우리는 현대적인 정신과학의 관념들을 통해 우리의 의식영혼이 우리의 지성영혼에게 다음과 같이 묻는 식으로 현실에 맞게 파르치팔의 물음을 떠올려야 한다. "지성영혼이여, 무엇이 그대를 그처럼 고통스럽게 하는가?" 이렇게 제기된 이 물음은 결코 당연하지 않다. 현대의 인간은 자신의 지적 능력을 매우 자랑스러워하며, 자신의 지성이 뭔가 부족할 수 있다고는 생각하지 않기 때문이다. 그러나 오늘날에는 환경 파괴를 비롯한 우리 문명의 또 다른 잘못된 발달로 인해 많은 사람이 우리 지성의 암포르타스 병을 예감하고 있고, 지성을 우회하면서 영성에 도달하고자 한다. 그래서 예를 들어 "본능적으로 생각하기"는 현대의 관용구가 되었다. 그러나 본능으로의 이 회귀는 그만큼 더 심연으로 이어진다. 매우 계몽된 것처럼 보이는 우리 시대에 민족주의적인 본능이 점점 무슨 짓을 하고 있는지 보라. 그렇기 때문에 지성으로 시작해야 한다. "그것은 본능에서 지성주의를 거쳐 직관으로 이어지는 발달이다."[195] 지성은 단순한 감각 인식의 감옥에서 풀려나 초감각적인 것을 이해하도록 구제되어야 한다.

파르치팔은 암포르타스에 대한 연민부터 배워야 했다. 마찬가지로 우리도 지성영혼과 관련해서는 연민부터 배워야 한다. 다시 말해서 우리는 지성영혼을 단순히 우리 뒤에 내버려두면서 과거의 표현으로 떼어 놓을 수는 없다. 의식영혼의 성숙은 지성영혼에 어느 정도로 관심을 기울이는가에서 드러난다. "연민을 통해 알게" 된다는 것은 우리가 지성영혼과 관계하고 지성영혼을 통해서 알게 되기를 원한다는 뜻이다. 병든 지성영혼은 이런 식으로 우리의 협력에 의해 치유된다. 이런 이유에서 인지학은 지성주의적 특징을 담고 있는데, 우리 영혼의 암포르타스적인 지점에서 시작해야 하기 때문이다. 루돌프 슈타이너는 언젠가 지적 타락과 영적인 죄의 고양과 연관해서 그 지점에 대해 다음과 같이 언급했다. "인지학 협회가 너무 지성적으로 변했다는 모든 이야기는, 그렇게 말하는 사람들이 정신적 내용을 철저하게 체험하는 것을 피하려 하고, 그보다는 신비적이고 모호한 불확실성 속에서 영혼적인 탐닉의 이기적인 쾌락을 훨씬 더 원하기 때문입니다. 진정한 인지학을 위해서는 이타심이 필요합니다."[196]

중세에는 "지성의 희생sacrificium intellectus"을 말했고, 오늘날 우리는 "지적인 겸손intellektuelle Bescheidenheit"을 말하며, 이는 성배과학의 의미에서는 지성주의를 불가피한 과도기적 단계로 이해한다는 것을 의미한다. 내적으로 말할 때 우리 안에 있는 암포르타스의 상처를 느끼는 것이다. 우리는 우리 안에 있는 지성이 도움을 요청하는 절규를 정말로 느끼고 경험하고 있는가? 지성의 절규를 말이다!

그렇지 못하다면 파르치팔의 의식영혼과 그의 연민은 아직 우리에게서 멀리 떨어져 있다.

《자유의 철학》의 사고를 들어 말하자면, 파르치팔의 물음은 우리가 사고의 본질에 대해 묻는 방식으로 제기된다. "외숙부님, 무엇이 외숙부님을 그처럼 고통스럽게 하나요?"라는 옛 물음은 오늘날에는 사고, 너는 누구냐?라는 뜻이다.[197] 이른바 예외 상태인 여기서도 의식영혼과 지성영혼은 서로 대립한다. 활동 중이고 현재적이며, 예외 상태에서 관찰하는 사고는 파르치팔의 의식영혼이다. 같은 상태에서 관찰된 고통스러워하는 지나간 사고는 지성영혼으로서의 암포르타스다. 우리가 사고 자체를 통해서 사고를 파악하는 법을 배운다면, 암포르타스는 파르치팔과 본질적으로 동일한 것으로 드러난다. 우리는 사고의 동일한 요소에 계속 머물러 있으며, 암포르타스도 성배의 왕이다. 성배는 암포르타스가 파르치팔을 통해 과거 성배의 왕이 되고 파르치팔 자신은 현재의 왕이 됨으로써 구제된다. 암포르타스의 병은 사실은 지나간 어떤 것의 가상 현재였으며, 그것은 바로 지성영혼이다.

《비밀학 개요》의 사고를 들어 말하자면 파르치팔의 물음은 우리가 우리 자신의 지성에 연민을 갖는 방식으로 제기된다. 내 안의 평범한 의식이여, 너는 무엇이 필요한가? 너는 너의 힘으로 이해할 수는 있지만 너 자신으로부터는 얻을 수 없을 초감각적인 것에 대한 학문이 필요한 것이지. 이런 식으로 늙은 암포르타스는 젊은 파르치팔에 의해 구제된다. 이는 우리가 《비밀학 개요》의 겸손한 말로 다음과 같이 말하는 것과 동일하다. "정신세계에서 유래하는 상상을 서술하는 사람은 [⋯] 아직 정신세계를 들여다보지 못하는 오늘날의 일반적인 의식으로도 전적으로 이해할 수 있게 된다."[198] 그러나 우리의 지성은 그것에 항상 만족하지는 않으며, 초감각적 연구 결과들에 대한 이 연구가 필요하지 않다고 여긴다. 그 자신이 초감각적으로 볼 수 있을 때에야 비로소 우리의 지성은 초감각적인 것에 관심을 갖는다. 그러나 그런 정신과학 연구는 "책 읽기"일 뿐이고, 기껏해야 정신 연구자가 전달하는 내용을 그대로 따라서 말하는 것이며, 중세에 계시 신앙에 대해 흔히 보였던 것 같은 의존으로의 퇴행이다.

지성은 그런 이의를 제기하면서 의식영혼의 역할을 부당하게 자기 것인 체한다. 의식영혼의 본질을 인식하지도 않은 채로 말이다. 이런 부당한 주장은 초감각적인 것을 스스로 보았을 때만 비로소 인정하려는 데 있다. 이는 우리가 지성영혼과 의식영혼에서 사고가 실질적으로 동일함을 간파하지 못하기 때문에 생기는 오해다. 바로 지성영혼이 자기 분수를 지킬 때 의식영혼이 그 안에서 활동하게 된다. 이 원리는 모든 단계에서 반복된다. "순수한 사고는 그 자체로 이미 초감각적 활동이기 때문이다. 감각적인 것으로서는 자기 자신을 통해서 초감각적 과정들로 나아갈 수 없다."

마지막 문장은 암포르타스 병을 설명한다. 이어지는 말은 그 병의 치유에 대해 이야기한다. "그러나 순수한 사고를 초감각적 과정과 초감각적 관찰에 의해 서술된 과정들에 적용한다면, 그것은 자기 자신을 통해서 점차 초감각적 세계로 뻗어 나간다."[199] 이 '자기 자신을 통해서'가 바로 지성영혼을 구제하기 위해서 연민에 가득차 움켜잡은 의식영혼의 원리이다. 모든 지적 진리가 영적인 진리로 바뀌게 될 때, 암포르타스는 비로소 구제된다.

성배란 무엇인가?

이러한 맥락에서 성배는 초감각적인 것의 계시이다. 우리는 초감각적인 것을 연구할 수 있으며, 루돌프 슈타이너는 현대의 성배 입문자로서 자신의 연구를 높은 수준으로 이끌었다. 그의 제자들 중에서 비슷하게나마 그와 같은 것을 성취한 사람은 아무도 없었다. 우선은 그럴 필요가 전혀 없다. 그보다는 이전에 연구되고 전달된 초감각적인 것의 결과들을 가능한 한 많은 사람이 배우고 이해하는 것이 필요하다. 오페라 〈파르치팔 Parsifal〉의 작곡가 리하르트 바그너는 자신의 음악에서 주도 모티프들을 사용했다. 슈타이너의 《비밀학 개요》에도 계속해서 반복되는 주도 모티프가 있다. 우리는 이미 그것을 한 번 들었다. 여기에 또 다른 몇몇 부분이 제시된다. 그것을 반복하는 이유는 주도 동기의 성격을 알아볼 수 있도록 하기 위함이다.

"초감각적 인식이 일상적인 지각에서 동떨어진 영역에서 관찰하는 것도 일단 발견되고 난 이후에는 일상적인 판단력에 의해서 이해될 수 있다."[200]

"초감각적 사실들은 초감각적 지각을 통해서만 밝혀질 수 있다. 그러나 초감각적 사실들이 밝혀져 초감각적 학문에 의해서 전달되었다면, 그 사실들은 정말로 선입견 없이 보고자 하는 일상적인 사고에 의해서도 이해될 수 있다."[201]

"정신 수련 없이는 고차적 세계에서 탐구할 수 없고, 거기서 자신을 관찰할 수도 없다. 그러나 고차적 수련 없이도 그 세계의 연구자가 전하는 모든 것을 이해할 수는 있다."[202]

그리고 마침내 근대의 입문자들을 성배의 입문자들로 지칭하고 《비밀학 개요》를 '학문'으로 나아가는 길로 명명하는 마지막 장('우주와 인간 발달의 현재와 미래')에서는 이미 자주 언급된 주도 모티브가 이제 성배의 동기로 지칭하는 방식으로 이 성배과학의 성격을 서술한다. "[성배에 대한 학문]의 지식은 여기서 언급한 필요한 수단들을 얻었을 때만 그 사실들을 탐구할 수 있다는 특징이 있다. 그러나 그 사실들이 일단 탐구되고 나면, 다섯 번째 시기에 발달한 영혼의 힘들은 그것들을 이해할 수 있다."

이것으로 성배과학의 본질이 직접적으로 설명되었다. 의식영혼의 파르치팔 자극은 성배에 대한 학문을 이해하는 것이다. 파르치팔은 성배가 있다는 사실에 신경 쓰지 않았으며, 그 사실에 작용한 것은 고차적 힘이었다.

지혜와 사랑

이 모든 것은 일단 지혜까지만 이어질 뿐이라고 반박할 수도 있다. 그러나 그런 반박은 우리가 이미 어떤 변화의 길을 걸어왔는지 고려하지 않는 것이다. 병든 암포르타스의 지성이 파르치팔을 통해 치유되어 영적인 이해가 될 수 있는 것처럼, 이 영적 이해, 이 지혜 자체도 마찬가지로 변한다. 그렇기 때문에 마지막 장은 언젠가는 사랑이 새로운 자연의 힘으로 자신을 드러내리라는 말로 끝맺는다. "정신적 인식은 자신의 본질을 통해서 사랑으로 변한다. […] 지혜는 사랑의 전제 조건이다. 사랑은 '자아' 속에서 다시 태어난 지혜의 결과물이다."[203] 이 '자신의 본질을 통해서'는 앞에서 사고가 '자기 자신을 통해서' 초감각적인 것으로 들어가는 길을 발견한다고 언급한 내용을 떠올리게 한다. 당시에는 파르치팔의 이름으로 표현되었고 오늘날에는 의식영혼으로 표현되어야 할 "중심을 관통하는" 변화의 동기가 바로 광대 모자가 성배 왕의 왕관이 되는 것이다. 치유된 암포르타스는 파르치팔의 태양의 힘을 떠받칠 수 있는 달 접시가 된다.

1장: 루돌프 슈타이너가 과학적으로 정확하게 투시할 수 있었다는 것을
　　어떻게 알 수 있는가?

2) 헬무트 찬더(Helmut Zander), "온 도르나흐가 절뚝거린다. 루돌프 슈타이너의 새
로운 전기", in 〈NZZ〉, 1998년 3월 14/15.

3) 루돌프 슈타이너, 《그리스도의 자극과 자아 의식의 발달 Der Christusimpuls und die
Entwickelung des Ich-Bewußtseins》 (GA 116), 도르나흐 41982, 1910년 3월 9일자
강연.

4) 루돌프 슈타이너, 《비의적 그리스도교와 인류의 정신적 인도 Das esoterische Christentum
und die geistige Führung der Menschheit》 (GA 130), Dornach 41995, 1911년 10월 1일자
강연.

5) 루돌프 슈타이너, 《건강과 질병에 관하여. 정신과학적 감각론의 기초 Über Gesundheit
und Krankheit. Grundlagen einer geisteswissenschaftlichen Sinneslehre》
(GA 348, 노동자들을 위한 강연, 2권), Dornach 41997, 1923년 1월 13일자 강연.

6) 호프만(A. W. Hofmann) 외, 〈지구 행성의 강착과 분리 및 지각과 맨틀의 지구 역
학적 진화에 대한 그 의미 Akkretion und Differentiation des Planeten Erde und ihre
Bedeutung für die geodynamische Evolution von Kruste und Mantel〉, in: 《독일 연구 공
동체 보고문 Mitteilungen der Deutschen Forschungsgemeinschaft》, Nr. XVI, "지구과
학 Geowissenschaften", Forschergruppe Mainz, 이후 인용: 기스베르트 후제만(Gisbert
Husemann), 〈우주 비행과 달 탈출 Astronautik und Mondaustritt〉, in: 《헤르메스의 지
팡이 Der Merkurstab》 3/1989, 180쪽.

7) 한스 울리히 슈무츠(Hans Ulrich Schmutz), 《지구의 사면체 구조 Die Tetraeder-struktur der Erde》, 슈투트가르트 1986.

8) 뮌헨의 파울 파에데(Paul Paede) 의학 박사가 필자에게 보낸 보고.

9) 엔트레스(K. P. Endres) / 샤트(W. Schad), 《달의 생물학 Biologie des Mondes》, 슈투트가르트 1997.

10) 취르허(E. Zürcher), 〈조수에 따라 변동하는 나무줄기의 직경〉, in: 《네이처》, 392권, 1998년 4월 16일.

11) 루돌프 슈타이너, 《영혼의 수수께끼에 관하여 Von Seelenrätseln》 [1917년 초판] (GA 21), 도르나흐 ⁵1983.

12) 힐데브란트(G. Hildebrandt), 〈시간생물학 중심 치료 Chronobiologisch orientierte Therapie〉, in: 《헤르메스의 지팡이》 4/1991, 259-277쪽; 거기에 또 다른 문헌.

13) 슈테판 츠바이크(Stefan Zweig), 《어제의 세계 Die Welt von gestern》, 프랑크푸르트/M. 1982, 140쪽.

14) 루돌프 슈타이너, 《인지학적 인간 인식과 의학 Anthroposophische Menschen-erkenntnis und Medizin 》 (GA 319), 도르나흐 ³1994, 1924년 8월 29일 런던에서 행한 강연.

15) 루돌프 슈타이너, 《인류 발달과 그리스도 인식 Menschheitsentwickelung und Christuserkenntnis》 (GA 100), 도르나흐 ²1981년, 1907년 6월 22일자 강연.

16) 아샤 투르게니에프(Assja Turgenieff)에 따르면, 이 말을 루돌프 슈타이너에게 직접 들었거나 인지학 협회의 러시아 회원들에게서 루돌프 슈타이너가 했던 말로 들었고, 헬라 비스베르거에게 전달했다.

17) 루돌프 슈타이너, 《묵시록과 사제의 활동 Apokalypse und Priesterwirken》 (GA 346 = 그리스도교적-종교적 활동에 관한 강연과 강좌, 5권), 도르나흐 ¹1995, 1924년 9월 20일자 강연.

18) 루돌프 슈타이너, 《내 인생의 발자취》 (GA 28), 33장. / 한국어판: 한국인지학출판사 출간, 489-490쪽.

19) 같은 책, 21장. / 한국어판: 한국인지학출판사 출간, 348-349쪽.

20) 루돌프 슈타이너, 《괴테의 정신적 특징 Goethes Geistesart》 (GA 22), 도르나흐 ⁶1979, 각주 18쪽.

21) 루돌프 슈타이너, 〈니체 기록물과 이전 발행인들에 대한 그의 비난. 하나의 폭

로 Das Nietzsche-Archiv und seine Anklagen gegen den bisherigen Herausgeber. Eine Enthüllung〉, in:《문화사와 시대사에 관한 논문들 Gesammelte Aufsätze zur Kultur und Zeitgeschichte 1887-1901》(GA 31), 도르나흐 ³1989.

22) 루돌프 슈타이너, 〈니체 판을 둘러싼 이른바 투쟁에 대하여 Zum angeblichen Kampf um die Nietzsche-Ausgabe〉, 앞의 책에 수록된 다른 논문.

23) 루돌프 슈타이너, 《편지 모음 2권 Briefe Band II》(GA 39), Dornach ²1987, 1904년 2월 14일 안나 슈타이너에게 보낸 596번 편지.

24) 아샤 투르게니에프, 《루돌프 슈타이너에 대한 기억 Erinnerungen an Rudolf Steiner》, 슈투트가르트 1973, 97쪽.

25) 루돌프 슈타이너, 《비밀학 개요 Die Geheimwissenschaft im Umriß》(GA 13), 도르나흐 ³⁰1989, '우주의 발달과 인간'에 대한 장.   / 한국어판: 한국인지학출판사 출간, 150쪽.

26) 루돌프 슈타이너, 《어떻게 고차적 세계의 인식에 도달할 것인가? Wie erlangt man Erkenntnisse der höheren Welten?》(GA 10), 도르나흐 ²⁴1993, '입문의 단계들'에 대한 장.

27) 프리드리히 리텔마이어(Friedrich Rittelmeyer), 《루돌프 슈타이너와 내 인생의 만남 Meine Lebensbegegnung mit Rudolf Steiner》, 슈투트가르트 1980.

28) 《헬무트 폰 몰트케-그의 삶과 활동에 대한 기록 Helmuth v. Moltke–Dokumente zu seinem Leben und Wirken》, 바젤 1993; 인용 출처: 토마스 마이어(Thomas Meyer), 〈폰 도메스 - 루돌프 슈타이너 Von Dommes-R. Steiner〉, in:《괴테아눔 Das Goetheanum》38/1993.

29) 헤르만 프리트만(Hermann Friedmann), 《의미 있는 오디세이 Sinnvolle Odyssee》, 뮌헨 1950; 인용: 린덴베르크(Ch. Lindenberg), 《루돌프 슈타이너, 전기 Rudolf Steiner, Eine Biographie》, 슈투트가르트 1997, 307쪽.

30) 프리드리히 실러(Friedrich Schiller), 《오를레앙의 처녀 Das Mädchen von Orléans》, 전집, 1권: 시, 희곡 I, 뮌헨 1987, 460쪽 (13, 14절).

31) 루돌프 슈타이너, 《비밀학 개요》(GA 13), '고차적 세계의 인식' 장   / 한국어판 : 한국인지학출판사 출간, 303쪽.

32) F. 리텔마이어, 앞의 책, 44쪽.

33) 루돌프 슈타이너, 《고차적 인식의 단계들》(GA 12), 도르나흐 ⁷1993, 1장.

34) 같은 책.

35) 루돌프 슈타이너, 《어떻게 고차적 세계의 인식에 도달할 것인가?》 (GA 10), '삶과 죽음. 문지방의 큰 수호자'에 대한 장.

36) 아르민 후제만(Armin Husemann), 《안락사 - 금세기의 한 증후 Euthanasie – ein Symptom dieses Jahrhunderts》, 슈투트가르트 1996 참조.

2장: 루돌프 슈타이너의 삶에서 외로움이라는 모티프
(이 장의 첫 번째 판은 《괴테아눔》 1998년 45호에 실렸다.)

37) 루돌프 슈타이너, 《내 인생의 발자취》 (GA 28), 3장. / 한국어판: 한국인지학출판사 출간, 69쪽.

38) 같은 책, 13장. / 한국어판: 한국인지학출판사 출간, 212쪽.

39) 루돌프 슈타이너, 《편지 모음 1권 Briefe Band I: 1881-1890》 (GA 38), 도르나흐 ³1985, 149쪽.

40) 빌헬름 라트(Wilhelm Rath), 《오스트리아에서 보낸 루돌프 슈타이너의 젊은 시절 Die Jugendzeit Rudolf Steiners in Österreich 1861-1890》, 프라이부르크 1971, 1권, 59쪽.

41) 루돌프 슈타이너, 《내 인생의 발자취》 (GA 28), 13장. / 한국어판: 한국인지학출판사 출간, 212-213쪽.

42) 루돌프 슈타이너, 《신비의 지혜로 본 예술 Kunst im Lichte der Mysterienweisheit》 (GA 275), 도르나흐 1990, 1915년 1월 2일자 강연.

43) 루돌프 슈타이너, 《편지 모음 2권 1890-1925》 (GA 39), 1899년 11월 23일자 540번 편지.

44) 루돌프 슈타이너, 《내 인생의 발자취》 (GA 28), 23장. / 한국어판: 한국인지학출판사 출간, 373쪽.

45) 같은 책, 24장. / 한국어판: 한국인지학출판사 출간, 376쪽.

46) 이 책의 5장 참조. / 한국어판: 한국인지학출판사 출간, 102쪽.

47) 게오르크 하르트만(Georg Hartmann), 《1890년부터 1907년까지 루돌프 슈타이너의 활동 Das Wirken Rudolf Steiners von 1890 bis 1907》, 2권, 프라이부르크 1979, 107쪽 이하.

48) 루돌프 슈타이너, 《내 인생의 발자취》(GA 28), 30장.   / 한국어판: 한국인지학 출판사 출간, 442쪽.

49) 같은 책, 같은 곳.   / 한국어판: 한국인지학출판사 출간, 442쪽.

50) 루돌프 슈타이너, 《인지학적 인간 인식과 의학》(GA 319), 아른하임에서 행한 1924년 7월 17일자 강연.

51) 아르민 후제만, 조형적-음악적-언어적 인간학 - 인지학적 연구 방법 Die plastisch-musikalische-sprachliche Menschenkunde - eine Methode des anthroposophischen Studiums. 《헤르메스의 지팡이》특별호, ⁶1990 (Kunsthandwerk und Bücher, Kladower Damm 221, D-14089 Berlin에서 구입할 수 있다): 아르민 후제만, 《인간의 음악적 구성 Der musikalische Bau des Menschen》, 슈투트가르트 ³1993.

3장: 프리드리히 니체

(이 장의 첫 번째 판은 《괴테아눔》, 1997년 43호, 1997년 44호에 실렸다.)

52) 루돌프 슈타이너, 《프리드리히 니체, 시대에 맞선 투사 Friedrich Nietzsche, ein Kämpfer gegen seine Zeit》(GA 5), 도르나흐 ³1963.

53) 루돌프 슈타이너, 《인지학을 통한 세계와 삶의 물음들에 대한 대답 Die Beantwortung von Welt- und Lebensfragen durch Anthroposophie》(GA 108), 도르나흐 ²1986, 1908년 6월 10일자 강연.

54) 크리스토프 린덴베르크(Christoph Lindenberg), 《개인주의와 공공연한 종교, Individualismus und offenbare Religion》, 슈투트가르트 1970, 1995.

55) 로렌초 라발리(Lorenzo Ravagli), 〈정화할 수 있는 도덕적 본능인가 사탄적 영감인가 Läuterungsfähige moralische Instinkte oder Satanische Inspiration〉, in: 《노발리스》 2/1995, 23쪽 이하.

56) 에르하르트 푸케(Erhard Fucke), 〈슈타이너의 니체와의 정신적 만남 Die geistige Begegnung Steiners mit Nietzsche〉, in: 《디 드라이 Die Drei》 2권, 4u. 5/1996.

57) 루돌프 슈타이너, 《프리드리히 니체, 시대에 맞선 투사》(GA 5), § 2.

58) 같은 책, § 29.

59) 같은 책, 같은 곳.

60) 같은 책, 같은 곳.

61) 루돌프 슈타이너, 《자유의 철학. 현대적 세계관의 기본 특징들 - 자연과학적 방법에 따른 영적인 관찰 결과들 Die Philosophie der Freiheit. Grundzüge einer modernen Weltanschauung – Seelische Beobachtungsresultate nach naturwissenschaftlicher Methode》(GA 4), 도르나흐 ¹⁶1995, 9장.

62) 루돌프 슈타이너, 《진리와 학문. '자유의 철학' 서막 Wahrheit und Wissenschaft. Vorspiel einer 'Philosophie der Freiheit'》(GA 3), 도르나흐 ⁵1980, 서문.

63) 루돌프 슈타이너, 〈산문의 구절들에서 나타나는 괴테의 세계관 Goethes Welt-anschauung in seinen Sprüchen in Prosa〉, in: 《괴테의 자연과학 저술들 J. W. 괴테, Naturwissenschaftliche Schriften》, 루돌프 슈타이너의 서문과 주해, 총 5권 [1897] (GA 1e), Dornach 1975.

64) 루돌프 슈타이너, 《프리드리히 니체, 시대에 맞선 투사》(GA 5), § 18.

65) 같은 책, § 2에서 인용.

66) 같은 책, § 1에서 인용.

67) 프리드리히 니체(Friedrich Nietzsche), 《전집. 총15권의 원전 비평 연구판 Sämtliche Werke. Kritische Studienausgabe in 15 Bänden》, G. Colli와 M. Montinari 발행, 5권, 뮌헨 1988년 뮌헨, 145쪽 (《선악의 저편 Jenseits von Gut und Böse》, § 211).

68) 루돌프 슈타이너, 《프리드리히 니체, 시대에 맞선 투사》(GA 5), § 19.

69) 프리드리히 니체, 앞의 책, 15권, 319쪽 (전체 색인, "칸트" 항목).

70) 같은 책, 6권, 177쪽 이하 (《안티크리스트 Der Antichrist》, § 11).

71) 같은 책, 186쪽(《안티크리스트》, § 17).

72) 루돌프 슈타이너, 《철학과 인지학 Philosophie und Anthroposophie》논문 모음집 1904-1923 (GA 35), 도르나흐 ²1984, 85쪽.

73) 루돌프 슈타이너, 《편지 모음 2권: 1890-1925》(GA 39), 1894년 12월 23일자 408번 편지.

74) 루돌프 슈타이너, 《카르마적 연관의 비의적 관찰. 3권: 인지학 운동의 카르마적 연관 Esoterische Betrachtungen karmischer Zusammenhänge. Dritter Band: Die karmischen Zusammenhänge der anthroposophischen Bewegung》(GA 237), 도르나흐 ⁸1991, 1924년 8월 8일자 강연.

75) 프리드리히 니체, 앞의 책, 6권, 200쪽 (《안티크리스트》, § 29).

76) 루돌프 슈타이너, 〈"니체주의"와 "F. 니체 - 자라투스트라는 이렇게 말했다, 4부"

"Nietzscheanismus" und "F. Nietzsche – Also sprach Zarathustra, 4. Teil"〉, in:《문화사와 시대사에 관한 논문들 1887-1901년》(GA 32).

77) 프리드리히 니체,《자라투스트라는 이렇게 말했다》, in: 루돌프 슈타이너,《프리드리히 니체, 시대에 맞선 투사》(GA 5), § 20에서 인용.

78) 루돌프 슈타이너,《프리드리히 니체, 시대에 맞선 투사》(GA 5), § 15.

79) 이 장의 시작 부분에 있는 '루돌프 슈타이너의 니체 비판' 참조.

80) 루돌프 슈타이너,《프리드리히 니체, 시대에 맞선 투사》(GA 5), § 29.

81) 루돌프 슈타이너,《자유의 철학》(GA 4), 4장.

82) 루돌프 슈타이너,《문지방의 비밀 Die Geheimnisse der Schwelle》(GA 147), 도르나흐 [6]1997, 1913년 8월 28일자 강연.

83) 같은 책, 같은 곳.

84) 루돌프 슈타이너,《프리드리히 니체, 시대에 맞선 투사》(GA 5), § 29.

85) 루돌프 슈타이너,《자유의 철학》(GA 4), 12장.

86) 루돌프 슈타이너,《프리드리히 니체, 시대에 맞선 투사》(GA 5), § 29.

87) 이 책의 4장과 카를 웅어(Carl Unger) 및 다음 저자들의 저술 참조: 하인리히 라이스테(Heinrich Leiste),《자유의 철학에서 그리스도에 대한 지혜로 Von der Philosophie der Freiheit zur Christosophie》, 도르나흐 1933. – 프리드리히 히벨(Friedrich Hiebel),《바울로와 자유의 인식론 Paulus und die Erkenntnislehre der Freiheit》, 도르나흐 1959. – 헤르베르트 비첸만(Herbert Witzenmann),《인지학의 무전제성 Die Voraussetzungslosigkeit der Anthroposophie》, 도르나흐 1986. – 헤르베르트 비첸만,《예술적 창작의 기초로서의 자유의 철학 Die Philosophie der Freiheit als Grundlage künstlerischen Schaffens》, 도르나흐 1980. – 로렌초 라발리,《의식영혼의 복음 Das Evangelium der Bewußtseinsseele》, 뮌헨 1995. – 프랑크 타이히만(Frank Teichmann),《생각 속에서의 부활 Auferstehung im Denken》, 슈투트가르트 1996.

88) 이 책의 5장 '모순인가, 발달인가?' 부분 참조.

89) 루돌프 슈타이너,《내 인생의 발자취》(GA 28), 7장. / 한국어판: 한국인지학출판사 출간, 139쪽.

90) 루돌프 슈타이너, "시인 Vorrede", in:《괴테의 자연과학 저술들》2권 (GA 1b).

4장: 《자유의 철학》과 그리스도교

(이 장의 첫 번째 판은 《괴테아눔》, 20/1995에 실렸다.)

91) 루돌프 슈타이너, 《그리스도의 자극과 자아의식의 발달 Der Christus-Impuls und die Entwickelung des Ich-Bewußtseins》 (GA 116), 1910년 5월 8일자 강연.

92) 루돌프 슈타이너, 《토마스 아퀴나스의 철학 Die Philosophie des Thomas v. Aquino》 (GA 74), 도르나흐 ⁴1993, 1920년 5월 24일자 강연.

93) 루돌프 슈타이너, 《진리와 학문》 (GA 3), 서언.

94) 루돌프 슈타이너, 《산문의 구절들에서 나타나는 괴테의 세계관》 (GA 1e).

95) 루돌프 슈타이너, 《신지학. 초감각적 세계 인식과 인간 규정 입문 Theosophie. Einführung in übersinnliche Welterkenntnis und Menschenbestimmung》 (GA 9), 도르나흐 ³¹1987, '인간의 본질'에 관한 장. 루돌프 슈타이너는 이 부분에서 진리의 영원한 본질이 레싱의 진리 추구자와 어떻게 조화를 이루는지 자세히 다룬다.

96) 같은 책, '인식의 좁은 길' 장.

97) 루돌프 슈타이너, '서문', in: 《괴테의 자연과학 저술들》 2권 (GA 1b). / 33쪽. 축약된 인용문을 글자 그대로 재현하자면 다음과 같다. "우리는 관념에서 - 우리가 그럴 능력만 가지고 있다면 - 그 관념을 구성하는 모든 것이 그 자체 안에 있다는 점, 그것(관념)으로 우리가 물을 수 있는 모든 것을 가지고 있다는 점을 알 수 있다. 모든 존재의 기반이 관념 속에 녹아들어 그 안으로 거리낌 없이 흘러 들어갔기 때문에 우리는 관념 외에는 어디서도 그 기반을 찾지 못한다. 우리는 관념 속에 우리가 사물들에서 찾는 것에 대한 하나의 상을 가지고 있는 것이 아니다. 찾는 것 자체를 가지고 있다."

98) 루돌프 슈타이너, 《인간과 지구의 발달 - 아카샤 기록의 해석 Aus der Akasha-Chronik》 (GA 11), 도르나흐 ⁶1986, '몇 가지 필요한 언급'.

99) 루돌프 슈타이너, 《문지방의 비밀》 (GA 147), 1913년 8월 28일자 강연.

100) 루돌프 슈타이너 [예를 들어:], 《인간의 내적 본질과 죽음과 새로운 탄생 사이의 삶Inneres Wesen des Menschen und Leben zwischen Tod und neuer Geburt》 (GA 153), 도르나흐 ⁶1987, 1914년 4월 12일자 강연.

101) 루돌프 슈타이너, 《토마스 아퀴나스의 철학》 (GA 74), 1920년 5월 23일자 강연.

102) 루돌프 슈타이너, 《자유의 철학》 (GA 4), 5장.

103) 루돌프 슈타이너, 《토마스 아퀴나스의 철학》(GA 74), 1920년 5월 24일자 강연.

104) 루돌프 슈타이너, 《인지학, 그 인식의 뿌리와 삶의 열매 Anthroposophie, ihre Erkenntniswurzeln und Lebensfrüchte》(GA 78), 도르나흐 ³1986, 1921년 9월 3일. – 청소년 교육 강좌에서도 비슷한 대목을 찾을 수 있다: 루돌프 슈타이너, 나이든 세대와 젊은 세대의 공동생활에서 정신적 작용의 힘 Geistige Wirkenskräfte im Zusammenleben von alter und jungen Generation》(GA 217), 도르나흐 ⁶1988, 1922년 10월 7일자 강연.

105) 루돌프 슈타이너, 《인지학, 그 인식의 뿌리와 삶의 열매》(GA 78), 1921년 9월 5일자 강연.

5장: 루돌프 슈타이너의 정신세계 입문
(이 장의 첫 번째 판은 《괴테아눔》, 34/1997, 35/1997호에 실렸다.)

106) 발터 뷜러(Walther Bühler), 《태양의 입문자로서의 루돌프 슈타이너, 독일 인지학 연구 소식 Rudolf Steiner als Sonneneingeweihter, Mitteilungen aus der Anthroposophischen Arbeit in Deutschland》1988, 164호 및 165호.

107) 세르게이 프로코피에프(Sergej O. Prokofieff), 《루돌프 슈타이너와 새로운 신비의 정립 Rudolf Steiner und die Grundlegung der neuen Mysterien》, 슈투트가르트 ²1986.

108) 크리스토프 린덴베르크, 《루돌프 슈타이너, 전기》, 슈투트가르트 1997.

109) 루돌프 슈타이너, 《내 인생의 발자취》(GA 28), 22장. / 한국어판: 한국인지학출판사 출간, 361쪽.

110) 같은 책, 같은 곳. / 한국어판: 한국인지학출판사 출간, 355쪽.

111) 루돌프 슈타이너, 《교육학의 기초인 일반 인간학 Allgemeine Menschenkunde als Grundlage der Pädagogik》(GA 293), 도르나흐 ⁹1992, 세 번째 강연, 또는, 루돌프 슈타이너, 《게르만-북유럽 신화와 관련된 개별 민족혼의 사명 Die Mission einzelner Volksseelen im Zusammenhange mit der germanisch-nordischen Mythologie》(GA 121), 도르나흐 ⁵1982, 다섯 번째 강연. / 한국어판: 한국인지학출판사 출간, 82-85쪽.

112) 루돌프 슈타이너, 《내 인생의 발자취》(GA 28), 22장. / 한국어판: 한국인지

학출판사 출간, 361쪽.

113) 루돌프 슈타이너, 《신비의 수수께끼에 관하여》(GA 21), 4장, 6: '인간 존재의 육체적-정신적 의존성 Die physiken und die geistigen Abhängigkeiten der Menschen-Wesenheit'.

114) 같은 책, 같은 곳.

115) 같은 책, 같은 곳.

116) 루돌프 슈타이너, 《요한 묵시록 Die Apokalypse des Johannes》(GA 104), 도르나흐 [7]1985, 1908년 6월 17일자 시작하는 공개 강연.

117) 루돌프 슈타이너, 《내 인생의 발자취》(GA 28), 26장.   / 한국어판: 한국인지학출판사 출간, 405쪽.

118) 루돌프 슈타이너, 《괴테아눔은 무엇을 원했고 인지학은 무엇을 해야 하나? Was wollte das Goetheanum und was soll die Anthroposophie?》, 도르나흐 [2]1986, 1923년 4월 9일과 1924년 5월 26일자 강연.

119) 루돌프 슈타이너, 《현대 정신생활의 출현에서의 신비주의와 현대적 세계관과의 관계 Die Mystik im Aufgange des neuzeitlichen Geisteslebens und der Verhältnis zur modernen Weltanschauung》[1901], 도르나흐 [6]1987, 서문.

120) 루돌프 슈타이너, 〈인지학으로서의 정신과학과 동시대의 인식론 Die Geisteswissenschaft als Anthroposophie und die zeitgenössische Erkenntnistheorie〉[1917], in: 《철학과 인지학》(GA 35).

121) 루돌프 슈타이너, 《철학의 역사 속에서 개요로 서술된 철학의 수수께끼 Die Rätsel der Philosophie in ihrer Geschichte als Umriß dargestellt》[1914] (GA 18), 도르나흐 [9]1985, 서문 1923.

122) 루돌프 슈타이너, 《내 인생의 발자취》(GA 28), 30장.   / 한국어판: 한국인지학출판사 출간, 451쪽.

123) 에밀 보크(Emil Bock), 《루돌프 슈타이너. 그의 삶과 작품에 대한 연구 Studien zu seinem Lebensgang und Lebenswerk》, 슈투트가르트 1967, '루돌프 슈타이너와 니체-운명 Rudolf Steiner und das Nietzsche-Schicksal' 장, 131쪽.

124) 루돌프 슈타이너, 《토마스 아퀴나스의 철학》(GA 74), 1920년 5월 24일자 강연.

125) 루돌프 슈타이너, 《그리스도의 자극과 자아의식의 발달》(GA 116), 1910년 5월 8일자 강연.

126) 이 책의 3장도 참조.

6장: 그리스도교로 가는 두 가지 다른 길

127) 루돌프 슈타이너, 《철학의 수수께끼》(GA 18), 앞의 책.

128) 루돌프 슈타이너, 《19세기의 세계관과 인생관 Welt- und Lebensanschauungen im 19. Jahrhundert》, 1권, 베를린 1900; 2권, 베를린 1901, 1권에 대한 서언 (1900년 2월).

129) 같은 책, 2권에 대한 서언 (1900년 10월).

130) 같은 책, 1권, 7쪽.

131) 같은 책, 15쪽 이하.

132) 같은 책, 130쪽.

133) 같은 책, 2권, 64쪽.

134) 루돌프 슈타이너, 《인간적 사고와 우주적 사고 Der menschliche und der kosmische Gedanke》(GA 151), 도르나흐 [6]1990, 1914년 1월 22일자 강연.

135) 루돌프 슈타이너, 《19세기의 세계관과 인생관》, 1권, 베를린 1900, 158쪽 이하.

136) 막스 슈티르너, 《유일자와 그의 소유 Der Einzige und sein Eigentum》[1844], 슈투트가르트 1972, 163쪽 (제1부, 2장 3., § 3, '주해').

137) 같은 책, 164쪽.

138) 같은 책, 166쪽.

139) 루돌프 슈타이너, 《문지방의 비밀》(GA 147), 1913년 8월 28일.

140) 루돌프 슈타이너, 《사회적 수수께끼의 내적 관점 Der innere Aspekt des sozialen Rätsels》(GA 193), 도르나흐 [4]1989, 1919년 2월 11일자 강연.

141) 위의 '프리드리히 니체' 장, 《안티크리스트》에서 니체의 칸트 비판' 부분 참조.

142) 루돌프 슈타이너, 《내 인생의 발자취》(GA 28), 22장. / 한국어판: 한국인지학출판사 출간, 351쪽.

143) 루돌프 슈타이너, 《요한 계시록》(GA 104), 도르나흐 [7]1985, 1908년 6월 17일자 강연.

144) 루돌프 슈타이너, 《편지 모음 2권 1890-1925》, (GA 39), 572번 편지.

145) 같은 책, 540번 편지.

146) 루돌프 슈타이너, 《카르마적 연관의 비의적 관찰》, 5권 (GA 239), 도르나흐 ³1985, 1924년 5월 23일자 파리 강연.

147) 자일만스 판 에미호번(F. W. Zeylmans v. Emmichoven), 〈네덜란드의 루돌 프 슈타이너〉, in: 《우리는 루돌프 슈타이너를 경험했다. 그의 제자들의 회고 Wir erlebten Rudolf Steiner. Erinnerungen seiner Schüler》, 크뤼크 폰 포투진(M. J. Krück v. Poturzyn), 슈투트가르트 ³1967, 270쪽.

148) 이타 베크만(Ita Wegman), 《친구들에게. 1925년부터 1927년까지 나온 논문 및 보고문 An die Freunde. Aufsätze und Berichte aus den Jahren 1925 bis 1927》, 도르나 흐 ³1986, 1925년 6월 7일자 〈회원들에게 보낸 편지〉, 도르나흐 1960.

149) 루돌프 슈타이너, 《사회적 수수께끼의 내적 관점》(GA 193), 1919년 2월 11일 자 강연.

150) 에밀 보크, 앞의 책, 131쪽; 토대가 된 강연은 1958년 2월 27일에 행해졌다.

151) 게르하르트 베어(Gerhard Wehr), 〈이 판의 후기 Nachwort zu dieser Ausgabe〉, in: 루돌프 슈타이너, 《내 인생의 발자취》, 루돌프 슈타이너 판, 도르나흐 1995.

152) 크리스토프 린덴베르크, 《개인주의와 공공연한 종교, 루돌프 슈타이너의 그리 스도교 접근》, 슈투트가르트 1970년과 1995년.

153) 볼프강 게데케(Wolfgang Gädeke), 〈루돌프 슈타이너의 그리스도교 접근 Rudolf Steiners Zugang zum Christentum〉, in: 《독일 인지학 연구 소식》 IV/1997, 202호.

154) 루돌프 슈타이너, 《그리스도의 자극과 자아의식의 발달》(GA 116), 1910년 5 월 8일.

155) 루돌프 슈타이너, 《토마스 아퀴나스의 철학》(GA 74), 1920년 5월 24일.

156) 루돌프 슈타이너, 《내 인생의 발자취》(GA 28), 30장. / 한국어판: 한국인지 학출판사 출간, 451쪽.

157) 같은 책, 22장. / 한국어판: 한국인지학출판사 출간, 352쪽.

158) 같은 책, 12장. / 한국어판: 한국인지학출판사 출간, 193쪽.

159) 루돌프 슈타이너, 《인지학의 기본 원칙들 Anthroposophische Leitsätze》(GA 26), 도르나흐 ⁹1989, '미카엘 이전의 길과 미카엘의 길' 장.

160) 구드룬 부르크하르트(Gudrun Burkhard), 《삶을 손에 넣기 Das Leben in die Hand nehmen》, 슈투트가르트 1992, 그리고 인지학 전기 작업에 대한 또 다른 저술들.

161) 루돌프 슈타이너, 《자유의 철학》(GA 4), 8장, '1918년 신판에 대한 부록'.

162) 루돌프 슈타이너, 《신지학》(GA 9), '인식의 좁은 길'.

7장: 《신비적 사실인 그리스도교》(1902)
(이 장의 첫 번째 판은 《괴테아눔》 5/1996에 실렸다.)

163) 《신비적 사실인 그리스도교 Das Christentum als mystische Tatsache》는 1902년
에 처음 출간되었고, 1910년과 1921년에 루돌프 슈타이너에 의해 확장되었으며, 그
이후로는 이 형태로 계속 재판되었다. 마르틴 바르크호프의 주도로 초판의 원전에
충실한 재판이 출간되었다. (Dornach 1995)
164) 루돌프 슈타이너, 《신비적 사실인 그리스도교》[베를린 1902년 초판의 재판],
도르나흐 1995, 5쪽. / 한국어판: 한국인지학출판사 출간, 21쪽.
165) 같은 책, 6쪽. / 한국어판: 한국인지학출판사 출간, 22쪽.
166) 같은 책, 9쪽. / 한국어판: 한국인지학출판사 출간, 27쪽.
167) 같은 책, 10쪽. / 한국어판: 한국인지학출판사 출간, 28쪽.
168) 같은 책, 11쪽 이하. / 한국어판: 한국인지학출판사 출간, 30쪽.
169) 같은 책, 12쪽. / 한국어판: 한국인지학출판사 출간, 30-31쪽.
170) 같은 책, 같은 곳. / 한국어판: 한국인지학출판사 출간, 31쪽.
171) 같은 책, 115쪽. / 한국어판: 한국인지학출판사 출간, 181쪽.
172) 같은 책, 134쪽. / 한국어판: 한국인지학출판사 출간, 209쪽.
173) 같은 책, 122쪽. / 한국어판: 한국인지학출판사 출간, 191쪽.
174) 같은 책, 같은 곳. / 한국어판: 한국인지학출판사 출간, 192쪽.
175) 같은 책, 87쪽. / 한국어판: 한국인지학출판사 출간, 136쪽.
176) 같은 책, 95, 105, 115쪽. / 한국어판: 한국인지학출판사 출간, 148, 165, 182쪽.
177) 같은 책, 87, 124, 139쪽. / 한국어: 한국인지학출판사 출간, 138, 194쪽.
178) 같은 책, 141쪽. / 한국어판: 한국인지학출판사 출간, 220쪽.
179) 마르틴 바르크호프(Martin Barkhoff), '후기 Nachwort', in: 루돌프 슈타이너, 《신
비적 사실인 그리스도교》[1902년 베를린 초판의 재판], 앞의 책.
180) 루돌프 슈타이너, 《지구의 호흡 과정으로서의 한 해의 순환과 4대 대규모 절
기 축제. 인지학과 인간의 정서 Der Jahreskreislauf als Atmungsvorgang der Erde und
die vier großen Festeszeiten. – Die Anthroposophie und das menschliche Gemüt》(GA

223), 도르나흐 71990, 1923년 4월 1일자 강연.

181) 루돌프 슈타이너는 《내 인생의 발자취》 26장에서 1897년부터("나의 바이마르 작별에서") 1902년("내 저서 《신비적 사실인 그리스도교》를 완성할 때까지")까지의 시기를 언급한다. 같은 책의 27장에서는 "새로운 세기가 시작될 때" 시련을 극복했다고 말한다. 그리고 26장의 마지막에는 묘사된 시련이 "세기 전환기 전"이었다고 적혀 있다.

8장: 성배과학으로서의 인지학
(이 장의 첫 번째 판은 《괴테아눔》 1998년 9호에 실렸다.)

182) 루돌프 슈타이너, 《인류 발달과 그리스도 인식》 (GA 100), 앞의 책, 1907년 6월 22일자 강연.

183) 루돌프 슈타이너, 《삶의 자산으로서의 정신과학 Geisteswissenschaft als Lebens-gut》 (GA 63), 도르나흐 ²1986, 1914년 4월 23일자 강연.

184) 루돌프 슈타이너, 《우주적 사실과의 관계 속에서 죽음과 새로운 탄생 사이의 삶 Das Leben zwischen dem Tode und der neuen Geburt im Verhältnis zu den kosmischen Tatsachen》 (GA 141), 도르나흐 ⁵1997, 1912년 11월 20일자 강연.

185) 루돌프 슈타이너, 《비밀학 개요》 (GA 13), '비밀학의 성격' 장. / 한국어판: 한국인지학출판사 출간, 51쪽.

186) 루돌프 슈타이너, 《그리스도와 정신세계. 성배 탐구에 관하여 Christus und die geistige Welt. Von der Suche nach dem heiligen Gral》 (GA 149), 도르나흐 ⁶1987, 1914년 1월 1일자 강연.

187) 루돌프 슈타이너, 《비밀학 개요》 (GA 13), 초판에 대한 서문. / 한국어판: 한국인지학출판사 출간, 10쪽.

188) 같은 책, '우주의 발달과 인간' 장. / 한국어판: 한국인지학출판사 출간, 290쪽.

189) 물론 클링조르에게도 루시퍼적 측면이 있다. 그러나 여기서 행해진 루돌프 슈타이너의 《비밀학 개요》와의 비교에서 그 점은 고려되지 않을 수 있다.

190) 요한 볼프강 폰 괴테(Johann Wolfgang von Goethe), 총 14권으로 된 함부르크판 괴테 전집, 에리히 트룬츠, 7권: 《소설과 노벨레 II Romane und Novellen II》, 뮌헨 1981, 496쪽 (《빌헬름 마이스터의 수업 시대 Wilhelm Meisters Lehrjahre》, 7권, 9장,

'도제 수료증 Lehrbrief').

191) 같은 책, 8권:《소설과 노벨레 III》, 36쪽 이하 (《빌헬름 마이스터의 편력 시대. 또는 체념하는 사람들 Wilhelm Meisters Wanderjahre oder die Entsagenden》, 1권, 4 장).

192) 루돌프 슈타이너,《인간 영혼에서 영원한 것. 불멸과 자유 Das Ewige in der Menschenseele. Unsterblichkeit und Freiheit》(GA 67), 도르나흐 ²1992, 1918년 1월 24일자 강연.

193) 루돌프 슈타이너,《동양의 신비와 그리스도교의 신비 Die Mysterien des Morgenland und des Christentums》(GA 144), 도르나흐 ⁴1985, 1913년 2월 7일자 강연[이전에는 2월 6일자로 잘못 기록됨].

194) 루돌프 슈타이너,《살아있는 자연 인식. 지적 타락과 영적인 죄의 고양 Lebendiges Naturerkennen. Intellektueller Sündenfall und spirituelle Sündenerhebung》(GA 220), 1923년 1월 21일자 강연.

195) 루돌프 슈타이너,《정신과학과 의학 Geisteswissenschaft und Medizin》(GA 312), 도르나흐 ⁶1985, 1920년 4월 4일자 강연.

196) 루돌프 슈타이너,《살아있는 자연 인식》(GA 220), 앞의 책, 1923년 1월 21일자 강연.

197) 동생 아르민 후제만이 내 원고의 이전 판을 읽고 나서 내게 이 물음에 주목하도록 했다.

198) 루돌프 슈타이너,《비밀학 개요》(GA 13), 서문 1925. / 한국어판: 한국인지학출판사 출간, 28쪽

199) 같은 책, '우주의 발달과 인간' 장을 시작하는 말. / 한국어판: 한국인지학출판사 출간, 151쪽

200) 같은 책, '삶과 죽음' 장. / 한국어판: 한국인지학출판사 출간, 101쪽.

201) 같은 책, '우주의 발달과 인간' 장. / 한국어판: 한국인지학출판사 출간, 149쪽.

202) 앞의 책, '고차적 세계의 인식' 장. / 한국어판: 한국인지학출판사 출간, 344쪽.

203) 앞의 책, '우주와 인간 빌딸의 현재와 미래' 장. / 한국어판: 한국인지학출판사 출간, 416쪽.

Rudolf Steiners Entwicklung© VerlagamGoethanum:Korean language edition:
© 2026 Korea Anthroposophy Publishing, Seoul

루돌프 슈타이너의 사상 발달

1판 1쇄 발행 2026년 1월 30일

지은이. 프리트바르트 후제만
옮긴이. 이수영

발행인. 이정희
발행처. 한국인지학출판사 · 한국인지학센터 www.steinrcenter.org
주소. 05659 서울특별시 송파구 마천로 76 성암빌딩 5층
전화. 02-832-0523
팩스. 02-832-0526

기획제작. 씽크스마트 02-323-5609

ISBN 979-11-92887-07-4 (13370)

-잘못된 책은 구입한 서점에서 바꿔 드립니다.
-이 책의 내용, 디자인, 이미지, 사진, 편집구성 등을 전체 또는 일부분이라도 사용할 때에는
 발행처의 서면으로 된 동의서가 필요합니다.

* 이 책은 사단법인 한국슈타이너인지학센터의 〈든든버팀목〉정기후원자,
 그리고 송광수 님과 박용옥 이사님의 특별 후원으로 제작되었습니다.

 후원계좌 / 신한은행 140-009-321956(한국슈타이너인지학센터)